融合型·新形态教材
复旦学前云平台 fudanxueqian.com

普通高等学校学前教育专业系列教材

学前教育科研方法与实务

主　编　王向东

副主编　牟洪贵

复旦大学出版社

内容提要

本教材遵循科学性、师范性、实践性的编写原则，全书由学前教育科研基础知识和教育科研策略与实务构成。第一章为学前教育科研基础知识，第二章至第八章为教育科研策略与实务，第九章为毕业论文的撰写。每章按照【理论导航】、【典型案例】、【案例分析】、【思考与练习】、【实践活动】来编写，体例新颖、活泼，文字简洁，通俗易懂。

本书适合普通高等院校、职业教育院校的学前教育专业及各类幼儿师范学校的学生使用，也可供早教机构、幼儿园教师参考阅读。

编审委员会

主　任

王向东

副主任

邓刚云　徐剑平

编　委

全晓燕　曾祥琼　甘利华　牟洪贵

前　言

《幼儿教师专业标准》(以下简称《专业标准》)实施建议中,明确要求开展幼儿园教师教育的院校要将《专业标准》作为幼儿园教师培养培训的主要依据,重视幼儿园教师职业特点,加强学前教育学科和专业建设,完善幼儿园教师培养培训方案,科学设置教师教育课程,改革教育教学方式;幼儿园要开展园本研修,主动参加教师培训、自主研修和课题研究,逐步提升专业发展水平。随着基础教育课程改革的深入,需要幼儿园教师具备相应的教育科研基础知识和能力,而师范院校承担着这一重任。教育科研能力的培养将会为学前教育专业学生将来在工作岗位上参加园本研修和课题研究插上腾飞的翅膀,编写适合的教材也就显得十分必要。

本书的编写主要基于以下几方面的考虑:

第一,本书立足于培养幼儿园教师的教育科研素质,是《学前教育科研方法》的拓展和延伸,适用于学前教育专业学生。可作为《学前教育科研方法》的辅助学习书籍,也可作为选修课教材或校本教材使用。

第二,通过调查发现,幼儿园教师开展教育科学研究较为困难,缺少专门的教育科学研究理论学习书籍,本书可作为幼儿园教师开展教育科研的参考资料。

第三,本书贴近教育科研实际,案例均是从编者所承担的课题研究中摘取,能给学生以启发。本书多年作为校本教材在教学中使用,实践证明效果良好。

第四,本书的体例按照课题研究的程序编写,适用性强。部分章节后附有参考文献和思考题,有利于学生学习和在今后的工作中查阅。

第五,结合本书的学习,学生可同步进行模拟课题研究。本书既有理论学习,又有案例参考,还有实践活动,从而达到帮助学生形成研究能力,提高教育科研素质的目的。建议本课程五年制大专在第八学期开设,三年制专科在第四学期开设,每周教学时间为2课时,理论学习1课时,实际操作练习或自主学习1课时。

本书各章按照【理论导航】【典型案例】【案例分析】【思考与练习】【实践活动】等板块来编写,避免单纯、枯燥的知识传授,有利于学生理论与实践相结合,学以致用,提高学生的教育科研素质。

本书在编写过程中,参阅了很多专家学者的研究成果,在此向原作者表示衷心感谢和致以崇高的敬意。

时代在进步,教育在发展,理论在更新,由于编者水平的限制,书中存在诸多不足之处,恳请广大读者批评指正。

目　录

第一章

学前教育科研基础知识

【理论导航】

一、研究的概念

常见的对研究的界定有以下几种：

(1) 研究是一种活动或一种过程。

(2) 研究是思考或商讨(意见、问题)的活动。

(3) 研究是探求事物的真相、性质、规律等的一种创造性的认识活动或过程。

二、学前教育科学研究的概念

对学前教育科学研究的界定有以下几种：

(1) 学前教育科学研究是一种科学研究活动。

(2) 学前教育科学研究是一种具有明确目的性和计划性的探究认识活动。

(3) 学前教育科学研究是一种探究教育现象内在因果联系和规律的创新和发现活动。

学前教育科学研究是一种特殊的认识活动，它具有很强的目的性和计划性，其宗旨是探究学前教育现象内在因果联系和规律。因此，对学前教育科研界定的正确理解是进行教育科研的基础，它为学生今后从事教育科学研究指明了方向。

三、学前教育科学研究的分类

(一) 按照研究范围分类

按照研究范围可分为整体研究、单项研究，也可以分为宏观研究、中观研究、微观研究。

（二）按照研究领域分类

按照研究领域可分为基础性研究、应用性研究。

（三）按照有无教育科研主管部门管理分类

按照有无教育科研主管部门管理可分为自发研究、立项课题研究（自觉研究）。

四、学前教育科学研究的一般步骤

学前教育科学研究的一般步骤可分为发现问题→提出问题→搜集资料→分析资料→得出结论→探究原因→提出新问题等步骤，如此螺旋式发展，不断解决教育过程中出现的问题，从而推动学前教育事业向前发展。

五、学前教育科学研究的基本方法

（一）教育观察法

教育观察法是指研究者在比较自然的条件下通过感受或借助一定的科学仪器，在一定时间、一定空间内进行的有目的、有计划地考察并描述教育现象的一种研究方法。它是教育科研中获取科学事实，形成科学结论的主要方法之一。

（二）教育调查法

教育调查法是指在科学方法和教育理论指导下，通过运用问卷、访谈、测量等科学方法，有目的、有计划、有系统地搜集有关教育问题或教育现状的资料，从而获取有关教育现象的科学事实，并形成关于教育现象的科学认识的一种研究方法。

（三）教育实验法

教育实验法是指研究者根据研究的需要，控制无关变量，有意地控制或改变某些条件，即自变量，从而观察因变量，即研究对象的变化，验证假设，从而研究教育现象，揭示变化规律的一种方法。

（四）经验总结法

经验总结法是将研究过程中的感性认识加以分析、综合、抽象与概括，从而将感性认识上升到理性认识，总结出经验的一种方法。

（五）比较研究法

比较研究法是指通过对研究对象活动前后的资料进行统计分析，对照比较，得出结论的一种研究方法。

（六）个案研究法

个案研究法是指通过对部分抽样（研究个体）进行跟踪调查，研究其变化的一种方法。

（七）行动研究法

行动研究法是由实际教育工作者（通常是教师）担任研究者，以学校教育中亟待解决的实际问题为研究内容，以改进这些教育活动为目的的研究方法。它是在中小学、幼儿园教育科研中倡导使用的一种方法。

（八）档案袋评价法

档案袋评价法是指通过对课题研究资料或个体的资料进行分析、评价，得出结论的一种研究方法。

（九）作品分析法

作品分析法是指研究人员有目的地为研究对象确定一个主题，研究对象按照预定程序完成作品，通过对研究对象的活动作品进行分析，获取研究所需要的信息，从而对研究对象的发展做出评价的一种研究方法。

在实际的研究过程中应当科学地使用研究方法，因为每一种研究方法都有其优越性与局限性，在研究过程中要利用某一方法的优点去克服另一方法的缺点，这样才可能全方位、多角度获得研究所需要的信息，才可能得出科学的论断。研究方法是多种多样的，在实际运用时应根据不同的研究类型和课题选择出主要方法和辅助方法，在研究计划或方案中应按照主次加以排列，并在研究实施中加以渗透。

六、学前教育科学研究的特点

学前教育科研作为一种特殊的研究活动除了具有研究对象的广泛性、研究任务的双重性、研究内容的继承性、研究活动的创造性、研究方法的科学性这些特点以外，还具有以下几个特点。

1. 目标性
教育科研总是为了解决教育教学中的各种问题，总是为了达到和实现某种目标而开展的。

2. 计划性
教育科研需要制定严谨的研究方案或计划，研究活动是依据研究方案或计划而展开的。当然研究计划或方案在执行过程中可以修订，其目的是为了使研究方案或计划更具科学性。

3. 真实性
教育科研是为了追求一定的结果和目标的实现，只有真实的研究才可能得出真实的结论。我们反对研究过程中弄虚作假，反对学术腐败。

4. 创新性

教育科研是站在前人的肩膀上向上攀登,是对未知教育现象和规律的探究,其成果具有一定的创造性。教育科研是一种创新性极强的活动,成果越新,越具有前瞻性,其价值和贡献可能就越大。

5. 实效性

教育科研的整个过程和研究成果的推广运用会对研究人员以及教育教学活动产生积极的影响,导致教师和学生观念以及教学行为的改变,提高教育教学质量。

6. 推广性

由于教育科研的成果具有一定的普遍性,一般来说具有一定的推广价值。一项课题研究的成果越具有推广性,它的价值就越大。研究成果的推广性是选择课题的重要依据之一。

此外,学前教育科研还具有多因素性、实践性、迟效性和难比性等特殊性。

七、目前学前教育科研中存在的主要问题

通过深入调查研究发现,目前学前教育科研中存在选题草率,缺乏新意;目标笼统,测评困难;过程模糊,缺乏信度;归因不明,结论无据;评价一律,不够客观;管理薄弱,指导不足等基本问题,这需要广大基础教育工作者共同努力,解决这些问题,使教育科研水平更上一个新的台阶,更好地服务于教育教学工作,提高教育教学质量。

八、学前教育科研的重要意义

从宏观来看,学前教育在发展过程中存在许多问题,需要进行改革,而学前教育科学研究有利于推进学前教育改革的深入,促进学前教育事业不断向前发展,培养出更多、更好的社会所需要的人才。同时学前教育科学研究能够产生更多、更好的研究成果,有利于丰富学前教育科学体系。

从微观来看,学前教育科研有利于揭示教育规律,使广大教师和教育管理人员按照教育规律办事,提高科学性,避免盲目性,从而不断提高保育教育质量;学前教育科研有利于提高教师的教育科研素质,促进教师的专业成长,为他们成为研究型或专家型教师奠定坚实的基础。

学前教育科研除了促进教师教育科研素质发展和提高保育教育质量的一般意义外,还具有两方面的特殊意义。

1. 学前教育科研成就科研型园长

有什么样的园长就会有什么样的幼儿园。守摊式的园长勤奋工作,以安全、稳定为要务;冲动型的园长不甘现状,凭满腔热情,大胆工作,学校或许会跃进式发展,也可能留下后遗症;然而在教育科研沃土中成长起来的科研型园长具有积极探索精神,对教育理论和教育发展环境诸问题作深入调查研究,从而做出理性思考,使学校沿着规范化、科学化道路发展。科研型园长不但具有"科研兴园"的理念,具有"教育为本,科研领先"的意识,而且具有学前教育科研的理论知识和能力。他高举教育科研的大旗,率先垂范,带动全体教师积极参与教育科学研究,解决教育教

学过程的实际问题,进而提高保育教育质量。一个幼儿园的发展,离不开具有远见卓识的园长,离不开良好的人文环境,更离不开一批具有科研热情和较强科研能力的教师,这会使学校充满生机和活力,不断提高学校的竞争能力和生存能力。实践证明,实施科研兴园,大力提高教师的教育科研素质给幼儿园所带来的经济效益和社会效益将是巨大而深远的。

2. 投身学前教育科研是"名师"成长的必由之路

"教"与"研"是教学活动的两个方面,有些教师只"教"不"研",对教育教学活动中出现的新情况、新问题视而不见,见而不思。因此,教师队伍建设便成为学前教育改革的主要课题之一。要建名园,必须要有名师,名师的培养与成长便提到了新的日程上。名师应该是师德与业务能力的名家,是教师群体的核心,教师群体由名师引领而提高。懂得教育规律,提高教育理论水平,这是名师的理论(思想)功底;了解国内外教改信息,自觉适应国内外教育发展的需要,这是名师的时代性修养;明确教改性质,更好地做好教改骨干,这是名师的成就所在;提高科研兴园意识,改变自身的角色,这是名师成为专家型、科研型教育家的关键。而要达到以上几方面,教师必须参与教育科研。投身教育科研是名师成长的必由之路。

九、幼儿园教师应具备的教育科研素质

(一)教育科研素质的分类

教育科研素质是一种比较稳定而持久的,影响教育科研工作效率的心理品质。幼儿园教师应具备的教育科研素质包括教育科研心理素质(科研意识、科研兴趣、坚定的意志品质等)、教育科研理论素质、教育科研实践素质(选题、立项、撰写研究方案、实施方案、课题组织与管理、数据的统计与分析、成果总结、成果推广等方面的能力)和教育科研教育素质(承担培训)等方面。

(二)幼儿园教师教育科研的基本素质

幼儿园教师教育科研的基本素质一般包括文化素质和能力素质。

(1)文化素质:指一般文化知识和教育理论专业知识(学前卫生学、学前心理学、学前教育学、五大领域教学法、学前教育科研方法等)。

(2)能力素质:包括选题能力、制定研究方案的能力、实施研究能力、资料搜集能力、数据统计与分析能力、成果总结能力、成果推广能力等。

师范院校的学前教育专业开设学前教育科研方法这门课程,不仅是要让学生掌握研究方法理论,更重要的是要让学生通过课题研究实践,激发学生对教育科研的兴趣,形成初步的教育科研能力,促使学生的教育科研素质由潜在可能性向现实性转化,为将来参与教育科学研究奠定坚实的基础。

【思考与练习】

1. 什么是教育科研?

2. 教育科研有何特点？

3. 教育科研有何重要意义？

4. 怎样理解教育科研素质？

【自主学习】

自主学习张宝臣、李志军主编的《学前教育科研方法》（复旦大学出版社 2013 年版）第 5—10 章。

参考文献

［1］袁桂林、熊梅：《小学教育科学研究方法基础》，北京师范大学出版社 1999 年版。

［2］刘海燕：《中小学教育研究》，自编讲义。

第二章

选 题 的 策 略

【理论导航】

一、选题中常见的问题

1. 选题随意

部分教师在选题时只是根据自己的教学经验,凭一时冲动便草率地选出研究课题,并未对课题的价值、新颖性、时代感等进行深入细致的分析,课题界定不清,题目过大、陈旧落后,结果导致课题研究半途而废。

2. 不合实际

部分教师在选题时选出了具有前瞻性的课题,但由于本身对教育改革了解不多,视野狭窄,资料匮乏,再加之自身的研究能力和幼儿园现有的研究条件尚不具备,这样的课题并不符合自身的实际,课题研究很难进行下去。

3. 缺少统筹

一个幼儿园应该有一个总课题来统揽全局,教师的选题应该围绕这一总课题来选择,这样有利于形成课题研究网络,有利于充分利用教育资源,有利于教师间的交流与合作。但在现实中,许多幼儿园选题缺少统筹,教师选题各自为政,单打独斗,很难形成合力,最终的结果必然是不能形成气候,研究成果水平不高。

二、选题的策略

（一）研究课题应有的特点

研究课题的特点包括课题必须具有应用价值和学术价值;课题的范围和任务必须具体明确;课题要有新意和时代感;课题要有可行性等。

（二）选题的过程与方法

1. 分析课题的研究背景

分析课题的研究背景即弄清楚该课题是在什么样的基础上提出来的,国际、国内对该课题的研究达到了什么样的水平,该课题研究有什么样的理论价值和实际意义。

2. 明确课题的研究目的

课题研究具有很强的目的性,课题研究最终是为了解决什么问题,达到什么样的课题研究目标和具体目标是课题组需要明确的问题,否则课题研究就会陷入盲目的境地。明确课题的研究目的可以提高研究的科学性、针对性和实效性,使课题研究少走弯路。

3. 对选题进行论证

（1）分析课题的类型（基础理论研究、应用性研究,还是综合性研究）。

（2）分析课题的理论价值和实际意义。

（3）分析课题研究的基本内容、重点和难点。

（4）分析课题以往的研究水平和研究动向。

（5）分析完成课题的条件,包括参加者的研究水平、组织能力、时间保证、人员分工、资料设备、科研经费等。

（6）分析课题研究的步骤、措施及成果形式。

（三）课题的表述

在确定课题及名称时要注意以下几个方面:

（1）课题是应用型还是探究实践型,它们在结题评审时的要求有所不同。

（2）课题名称要注意短小精悍,能准确地反映出课题研究的内涵和外延,要对课题进行"小"化,课题宜小不宜大,尽量指向教育教学活动,以便于操作。

（3）要综合考虑课题的科学性、创新性、应用性、可能性和展示性。

（4）幼儿园在开展教育科研活动过程中,在确定课题名称时要尽量少用"研究"、"建模"等词语,因为它对研究环境、研究水平、研究人员的素质要求比较高,一般适用于较高层次、较高水平的研究活动;可多用"探索"、"实践"、"培养"、"改革"、"运用"、"利用"等词语,这样更加贴近幼儿园实际,更能解决教学中的实际问题,使课题研究更具可操作性和可检验性。

三、课题的来源

（一）教育改革中的热点和难点问题

随着学前教育课程改革的不断深入,新情况、新问题层出不穷,许多教育改革中的热点和难点问题成为广大学前教育工作者研究的新课题。例如《师范生教育科研能力培养研究》、《改革教学方法,促进幼师生音乐素质发展实验研究》、《小学生合作精神教育的实践与研究》、《小学生合作学习研究》、《幼儿园园本课程开发研究》等课题。

（二）日常观察中发现的问题

在日常的教学工作中，只要善于观察就可以发现许多有研究价值的、贴近于保育教育教学实际的研究课题，例如《幼小衔接研究》《幼儿园安全教育实践与研究》《幼儿园低碳环保教育实践与研究》等课题。

（三）成功经验给予的启示

这方面的课题有《科研兴园实践与研究》《在幼儿园大班语言活动中实施童话教学实验研究》等课题。

（四）理论学习受到的启发

这方面的课题有《改革教学方法，促进幼师生音乐素质发展实验研究》《优化认知结构，促进幼儿思维能力发展的探索》等课题。

（五）交叉学科的空白领域等

这方面的课题有《创设幼儿园良好社会生态环境研究》等课题。

以上课题案例均源于学前教育实践，体现多领域、多学科、多层次性，为我们今后从事课题研究提供了借鉴。

（六）有关部门制定的课题指南

在选题过程中，还可以参照上级科研主管部门所制定的课题指南，从中选择研究课题，如《基础教育课程改革科研选题指南》中的《新课程实施与学校人本管理研究》《区域推进课程改革的障碍及对策研究》等，又如《××省"十五"期间现代教育技术实验与研究课题指南》中的《培养学生创新思维能力的研究》《学生创新意识和能力的研究》《环保教育研究》，再如《××省教育科研资助金项目课题指南》中的《促进民办幼儿园健康发展的对策研究》《幼儿园社区教育资源有效利用研究》《以园为本教学实践研究》《根据幼儿个别差异进行指导的策略研究》《幼儿园园本特色课程开发研究》《幼儿教育活动设计及实施研究》《幼儿身心发展关键期的适时教育研究》《学前教育质量评估研究》等。

对于学前教育专业的学生来说，低年级学生可选择贴近生活的研究性课题，中年级学生可选择贴近生活的课题和利用学校提供的课题指南，高年级学生已具有较强的专业定向性，则要求选择教育科研课题。

【典型案例】

2012年度"××省教育科研资助金项目"课题指南

为明确2012年度我省教育科研的研究方向，根据国家和省《中长期教育改革和发展规划纲要(2010—2020)》精神,以及2012年全国和省教育工作会议精神,结合教育实际,在广泛征求各方意见的基础上,特制定《2012年度"××省教育科研资助金项目"课题指南》,供课题申请者选题时参考。

一、综合研究

研究要点:(1)农村教育综合改革、农村教育可持续发展研究;(2)义务教育均衡发展的督导、考核和评估制度设计;(3)区域(县域、民族地区、经济欠发达地区)义务教育均衡发展现状、问题及对策;(4)区域教育发展规划、学校办学规模、中小学布局调整;(5)农民工子女流入地升学问题;(6)城乡教育一体化、教育现代化进程中面临的问题;(7)中小学教育质量监测评估机制的构建;(8)学前教育发展研究(规划、布局结构调整和优化、教育投入或成本分担机制等);(9)农村教师发展状况和保障机制的现状、问题及对策;(10)中小学教师(心理、身体)健康状态调查;(11)中小学课业负担现状、问题及对策;(12)"综合配套改革"试验县(区、市)教育发展实践研究;(13)县域内教师、校长交流的配套制度建设;(14)社会家教市场现状、问题及对策;(15)地方课程与教材建设研究;(16)家庭经济困难学生资助研究;(17)集团化办学的可持续发展的政策与实践研究;(18)中小学公共安全问题及应急机制的构建;(19)地方教育基础数据库建设;(20)教育科研管理、学校教科室建设;(21)高素质创新人才培养模式研究;(22)"9+3"免费职业教育计划的实施研究;(23)民办教育的现状与发展研究等;(24)"双基"验收合格后九年义务教育的可持续发展研究。

二、教育管理与学校管理研究

研究要点:(1)新时期学校内部管理制度的建设及实践;(2)中小学办学行为的法律监督机制;(3)学校学习型组织建设;(4)中小学校教学和学术组织管理创新;(5)中小学形象设计、品牌建设和文化建设;(6)教育人事制度改革;(7)完善校长选拔与考核制度、校长职业准入制度和专业化;(8)学校形成办学特色的策略、措施与实践;(9)学校教学质量的监测与课程管理制度创新;(10)校本教研、校本培训制度;(11)农村寄宿制学校的建设与管理研究;(12)县域内义务教育学校教师校际交流机制;(13)优质高中招生名额分配到区域内初中学校的策略;(14)学前教育管理研究(学前教育管理体制、学前教育公共服务体系、学前教育的督导、评估等);(15)幼儿园分类管理研究;(16)"9+3"免费职业教育教学管理研究等。

三、德育研究与心理健康教育研究

研究要点:(1)在中小学开展社会主义核心价值观的教育实践研究;(2)青少年思想道德素质发展状况的实证研究;(3)学校德育管理机制创新;(4)少年社会教育基地建设及公益型校外学生活动场所的使用效益评估;(5)学校班主任工作创新研究;(6)中小学生参加校外教育活动状况调查;(7)增强学生社会责任感的公民教育实践模式;(8)新时期爱国主义、理想信念、社会主义荣辱观教育;(9)提高学校德育工作的针对性和实效性;(10)学校文化建设实践研究;(11)学校德育课程建设;(12)中小学生人生观、价值观的现状和特点及其教育;(13)学校、家庭和社会协助的德育网络;(14)德育队伍建设;(15)中小学生诚信教育实践;(16)网络环境下学校德育工作;(17)青少年法制教育与预防犯罪问题;(18)运用综合素质评价提高学生道德品质；（19）道德高尚学生的基本素质和行为特征分析；（20）当前中小学生主要心理问题调查；（21）学校心理健康教育的针对性和实效性；（22）中小学心理咨询室建设及突发事件的心理援助机制；（23）学校心理健康教育评价体系与干预；（24）学生心理辅导的有效方式；（25）学生心理素质培养模式及实施策略；（26）校园暴力行为的心理问题；（27）学科教学与班主任工作中渗透心理健康教育实践；（28）网络对青少年心理发展的影响及干预；（29）中小学生心理问题预防与矫正；（30）教师素养、行为、人格对学生心理健康影响；（31）家长素质及教育方式对学生心理健康影响；（32）特殊儿童心理问题分析及教育对策；（33）青春期教育；（34）升学与择业的心理指导；（35）对"9＋3"学生有效开展"五项教育"、心理健康教育的实践研究；（36）学生社团活动研究；（37）学校非正式群体研究；（38）中小学生教育实践研究；（39）中小学教育在文化传承创新中的作用研究等。

四、基础教育研究

研究要点：（1）新形势下学校素质教育实践；（2）基于素质教育理念，培养学生创新精神与实践能力；（3）各学科推进素质教育的方法与教学模式；（4）区域性减轻学生过重学业负担，全面实施素质教育；（5）学校开展社会实践的长效机制研究；（6）提高农村义务教育质量及评价标准研究；（7）农村薄弱学校的建设内涵发展研究；（8）基础教育在新农村建设中的作用；（9）有效控制农村学生辍学的途径及对策；（10）农村留守儿童教育；（11）农村留守儿童寄宿制学校现状调研；（12）流动人口子女在流入地接受义务教育相关政策研究；（13）流动人口子女社会融合教育研究；（14）流动儿童城市生活和学习适应性研究；（15）农村贫困家庭学生资助政策与保障机制；（16）义务教育阶段解决大班问题，推进小班化教学；（17）义务教育阶段教师流动机制研究；（18）义务教育阶段绩效工资实施情况调研；（19）普通高中教育多样化、特色化办学模式研究；（20）普通高中和高等学校联合培养拔尖学生模式研究；（21）普通高中学生综合素质评定；（22）提高薄弱高中办学水平；（23）学前教育机构、办园体制和师资现状的调查；（24）提升农村新建公办幼儿园办园质量；（25）城市、农村特色幼儿园的建设；（26）民族地区、贫困地区发展学前教育途径；（27）促进民办幼儿园健康发展的对策；（28）幼儿园社区教育资源有效利用；（29）以园为本教学实践；（30）根据幼儿个别差异进行指导的策略；（31）幼儿园园本特色课程开发；（32）幼儿教育活动设计及实施研究；（33）幼儿身心发展关键期的适时教育；（34）学前教育质量评估；（35）民族地区学前双语教育模式；（36）特殊教育的现状及对策；（37）特殊儿童职业教育模式；（38）特殊儿童随班就读现状；（39）特殊儿童职业技术教育与回归主流社会的研究；（40）家庭教育环境对特殊儿童发展的影响；（41）残障儿童随班就读与补偿教育；（42）全纳教育实践；（43）超常儿童心理与行为发展教育；（44）特殊教育课程改革实践等；（45）农村义务教育学生营养改善计划的政策、实施与问题。

五、职业教育研究

研究要点：（1）经济欠发达地区、民族地区中等职业教育的现状与发展；（2）中等职业教育办学模式、人才培养体制调研；（3）职业教育为"三农"服务，促进农村剩余劳动力转移的实践；（4）职业教育实行"产教结合"、"校企合作"办学模式的实践；（5）职业教育校企合作中企业文化对接的研究；（6）职业教育实训基地建设；（7）职业教育集团化办学模式；（8）中、高等职业教育衔接(课程、人才培养模式)研究;(9)中等职业教育专业课程改革与开发;(10)职业教育特色专业、精品课程建设;(11)职业教育课程综合化与模块化的实践;(12)中等职业教育课程与教学信息化资源建设;(13)培养学生综合职业能力的教学模式改革;(14)职业学校实行弹性学制和学分制的实践;(15)职业教育教学质量标准及评价制度;(16)职业学校实行"双证制"(学历证书和职业资格证书)人才培养模式的实践;(17)强化职业道德教育和职业意识培养的实践;(18)职业学校培养学生创业精神、创业技能和实践能力的实践;(19)职业性测评方法的应用和创新;(20)中等职业学校学生心理健康教育及干预机制构建研究;(21)中等职业教育教师专业化发展;(22)推进"9+3"免费职业教育实践;(23)民族地区职业教育办学模式和人才培养体制研究;(24)提高少数民族中职生专业技能、实训技能的研究;(25)藏区免费中等职业教育学生就业问题调研等。

六、课程改革、学科教学改革研究

研究要点:(1)区域性推进基础教育课程改革的策略研究;(2)义务教育(普通高中)课程改革实施情况调查;(3)普通高中课程改革背景下学校教育教学管理问题研究;(4)地方课程与校本课程的开发研究;(5)普通高中新课程教学改革的适应性研究;(6)新课程学科标准研究;(7)课程资源的开发与利用研究;(8)实验教学的地位、作用及其实施;(9)提高课堂教学有效性研究;(10)中小学学科学习指导;(11)中小学学科课堂教学管理与评价;(12)综合课程实施中的问题及对策;(13)课堂教学中学生活动的组织策略;(14)学生自主学习中的教师指导策略;(15)中小学生作业的设计及其检查;(16)中小学生学习方式研究;(17)中小学生学业成就调查与提高学生学业成就的策略;(18)中小学生综合素质评价;(19)教育考试评价制度改革与创新;(20)实施高中新课程标准后的高考制度改革、高考命题研究;(21)"9+3"实施学校的教学改革与创新。

七、教师教育研究

研究要点:(1)新时期教师专业能力的要求及其培养;(2)新课程实施与教师教育专业化发展研究;(3)教师行为规范标准与师德建设;(4)少数民族教师教育改革与民族地区"双(多)语"师资培养;(5)教师信息素养与教育技术能力现状调查;(6)教师的人文素养与科学素养调查;(7)青年教师成长规律与培训方式;(8)科研型、学术型教师的成长规律及培养;(9)现代中小学校长的专业素养及发展;(10)在职教师继续教育的内容、方式、途径及质量评价机制;(11)提高农村中小学教师教学技能的形式及策略;(12)班主任队伍的建设;(13)以校本培训、校本教研为基础的教师专业发展研究;(14)教师的心理健康状况与对策;(15)教师职业倦怠调查;(16)教师工作及生存状况的调查;(17)适应教师主动参与的教科研方式创新研究;(18)教师研训一体化研究;(19)教师远程继续教育的组织管理及学习方式;(20)增强教师培训的实效性研究;(21)教研队伍的建设及培养。

八、体育与艺术教育研究

研究要点:(1)中小学艺体教育现状调查;(2)学校课间体育活动有效性实施策略研究;(3)保证学生每天一小时体育锻炼机制研究;(4)艺体教学质量评价研究;(5)域内优秀艺体教育资源的开发与利用研究;(6)学校艺体特色文化建设研究;(7)开发利用本地、本民族的艺体教育资源的研究；（8）农村中小学音乐课堂教学中器乐教学研究；（9）体育锻炼的意识、习惯的培养；（10）《学生体质健康标准》测试；（11）中小学运动会规则、内容等指向教育目标的改革；（12）美育与学科教学的整合研究；（13）艺体教育与学生审美素质发展的研究；（14）艺体教学评价研究；（15）建立"阳光体育运动"的长效机制研究等。

九、民族教育研究

研究要点：（1）民族地区教育现状调查；（2）民族地区教育均衡发展策略；（3）少数民族学生国家认同和文化融合研究；（4）民族团结教育的实践；（5）民族地区开展爱国主义教育的研究；（6）增强少数民族学生德育工作的针对性和实效性；（7）对少数民族学生开展法制教育的研究；（8）有效预防和处理汉藏学生冲突事件的策略；（9）内地援助民族地区教育模式创新研究；（10）民族地区中小学实施新课程改革的研究；（11）提高民族地区中小学各学科教学质量的策略；（12）少数民族地区实施双语教学的模式与实效性；（13）提高民族地区教师教学技能的途径、方法；（14）民族地区对口支教、资源共享的实践；（15）学校教育传承民族文化的有效途径研究；（16）民族团结教育课程体系；（17）民族地区教师专业发展问题研究；（18）民族地区寄宿制学校标准化建设与规范化管理研究；（19）少数民族地区校本研修现状调研；（20）民族地区教育消费需求与职业能力调查；（21）民族地区高中教育的现状及发展；（22）藏区生命教育。

十、信息技术教育研究

研究要点：（1）中小学信息技术教育的现状、发展前景及对策；（2）农村中小学教育中的"信息化"；（3）农村中小学现代远程教育工程"三种模式"的教学模式和教学方法研究；（4）提高农村远程教育网络的效率研究；（5）网络课程的开发；（6）教育信息技术与课程、教学深层次整合；（7）信息技术环境下教学模式和教学方法的创新；（8）信息技术环境下学习方式变革；（9）数字化校园建设与有效利用；（10）数字化的教学资源库建设与应用开发；（11）现代远程教育有效提高农村、民族地区中小学教育质量实践；（12）数字化实验教学技术装备研发和学生实践能力培养；（13）校长教育信息化领导能力调查。

【案例分析】

《2012年度"××省教育科研资助金项目"课题指南》从十个方面对选题进行了指导，中小学、幼儿园教师可以重点参考综合研究、心理健康教育研究、基础教育研究、教师教育研究、学科教学改革研究这几个领域。

《2012年度"××省教育科研资助金项目"课题指南》列出的条目是指研究的领域或方向，一般不宜直接作为课题题目，研究者还须在选定的条目下确定自己的研究问题和内容，形成课题题目。选题范围可以不受指南限制，申请者可根据所在单位、区域急需解决的实际问题，结合自己的条件和兴趣来确定研究课题。

【思考与练习】

1. 选题中常见的问题有哪些？
2. 课题的来源有哪些方面？
3. 选题的过程与方法是怎样的？

【实践活动】

成立学生课题组，在教师的指导下进行模拟教育科研课题的选择。

参考文献

［1］刘海燕：《中小学教育研究》，自编讲义。
［2］《2012 年度"四川省教育科研资助金项目"课题指南》。

第三章

研究方案的制定

【理论导航】

研究方案也称研究计划。研究方案是课题研究的蓝本。研究方案的好坏,质量的高低会直接影响研究的进程,同时也会影响研究成果质量。因此在制定研究方案时应多方论证,反复思考,提高科学性,避免盲目性,少走弯路。研究方案分为一般性研究方案和教育实验研究方案,二者在制定时有所区别。

一、一般性研究方案制定的策略

一般性研究方案制定的策略包括以下方面。

1. 课题名称

课题名称要求简明具体、新颖醒目,能体现研究的范围、对象、目的和意义。

2. 研究的目的和意义

研究方案应包括课题的学术思想、理论依据、主攻方向及独到之处;课题研究的理论意义和实践意义。

3. 课题研究的主要内容

研究方案应包括课题研究的具体问题、预计突破的难题、子课题。

4. 课题研究的方法

研究方案应包括课题研究的方法。

5. 课题研究的预期成果

课题研究的预期成果主要包括理论成果和实践成果。

6. 课题研究的步骤或过程

这一部分是研究方案的重点。一般可根据研究的周期将研究的进程划分为选题、论证、立项阶段;实施研究阶段;结题评审阶段等几个阶段。这几个研究阶段中的每一个阶段又可分为几个阶段,每个阶段再安排具体的实施内容及措施。

7. 课题研究的条件

课题研究的条件主要指资料、设备、经费来源等。

8. 课题研究的组织机构

也可把研究对象、研究方法、研究目标、研究的阶段、研究的内容及措施归为研究设计。

研究方案制定后不是一成不变的,在实施过程中可根据具体情况进行修订、充实和完善,使之更加科学。

从思维的角度来分析,研究方案要回答四个基本问题:是什么? 为什么? 怎么做? 将要做出什么?

"是什么?"就是课题的界定,包括课题的解释、课题的内涵与外延、课题研究的范围、课题研究的基本内容等。

"为什么?"就是回答课题研究的依据、目的、意义(包括理论价值与实践价值)。

"怎么做?"就是回答课题研究的实施,包括实施的阶段划分、研究的具体步骤与方法等。"怎么做?"是研究方案的重点和难点。

"将要做出什么?"就是回答课题研究的预期成果,包括理论成果和实践成果。

二、教育实验研究方案的内容

教育实验研究方案包括以下内容:

(1) 实验名称

(2) 实验假说

(3) 实验目的

(4) 实验的原则

(5) 实验的对象

(6) 实验方法和步骤(详写)

(7) 数据的统计技术

(8) 组织领导与人员分工

实验研究方案比一般性的研究方案困难,专业性要求更强一些,对研究人员的素质要求也更高一些。

【典型案例】

××省普教科研资助金项目

藏区"9+3"三年制幼儿教育专业课程改革实践与研究

研 究 方 案

××省××幼儿师范学校课题组

一、课程的界定

课程指的是体系化、条理化、序列化的教学内容。对于课程有三种界定:狭义的课程、广义的课程和更为广泛的课程。狭义的课程是指一门学科和一组教材;广义的课程则指学生在学校依据教育目的,在教师有计划地指导下,所获得的全部经验;更广义的课程指的是整个教育环境和学生在环境中各项因素交互作用下所获得的全部经验。

课程改革是学习方式和教学方式的转变,改变课程过于注重知识传授的倾向,强调形成积极主动的学习态度,使获得知识与技能的过程成为学会学习和形成正确价值观的过程,也就是从传统学习方式的"被动性、依赖性、统一性、虚拟性、认同性"向现代学习方式的"主动性、独立性、独特性、体验性与问题性"转变过程。

在本课题研究中,课程改革是在原有三年制幼儿教育专业课程设置的基础上,在新课程改革理念的指导下,基于藏区"9+3"三年制幼儿教育新生的素质,对课程进行改革与创新,从而探索出一整套适合藏区"9+3"学生的课程体系的实践与研究活动。

二、课题的提出

(一)理论依据

1. 课程改革的基本理念

随着对教育民主化、国际理解教育①、回归生活教育、教育的可持续发展、个性化教育、创新教育等的强调,现代课程发展的基本理念也呈现出许多新的特点和趋势。缔造取向的课程实施,民主化的课程政策观等,使基础教育课程出现了前所未有的新发展。

(1)全面发展的课程价值取向

课程实践在本质上是一种价值创造活动,因而必须遵循一定的价值原则。进入20世纪50年代以后,全球经济、科技、社会和文化的根本性变化对教育产生了前所未有的冲击,世界各国掀起了新一轮的课程改革热潮。这次课程改革热潮的一个显著特征就是以学生为本,着眼于学生的全面发展,反对权威主义和精英主义,要求所有学生都能获得全面的发展。这种着眼于全面发展的课程价值取向,使学校的课程目标发生了深刻的变革,表现出以下一些新的特点:第一,注重课程目标的完整性,强调学生的全面发展;第二,重视基础知识的学习,提高学生的基本素质;第三,注重发展学生的个性;第四,着眼于未来,注重能力培养;第五,强调培养学生良好的道德品质;第六,强调国际意识的培训。

(2)科学与人文整合的课程文化观

伴随着科学主义教育与人本主义教育逐步走向融合之势,课程文化也开始摆脱原有视野的局限,跨入新的视界中,于是,科学人文性课程文化观确立。科学人文性,就是以建立在科学理性之上的人文精神来规范、统领科学,从而实现科学与人文彼此关照、相互包容,最终达到二者协调统一,形成"你中有我、我中有你"的浑然一体的关系。

(3)回归生活的课程生态观

学校课程重返生活世界,找回失落的主体意识,确立一种新的课程生态观,是当代课程发展

----

① 国际理解教育是为了培养青少年在对本民族主体文化认同的基础上,尊重、了解其他国家、民族、地区文化的基本精神及风俗习惯,学习、掌握与其他国家、民族、地区人民平等交往、和睦相处的修养与技能,探讨全人类共同价值观念,增进不同宗教信仰和文化背景的民族、国家、地区的人民之间的相互理解与宽容,将事实上的相互依赖转变为有意识的团结互助,促进整个人类及地球上各种生物与自然和睦相处、共同繁荣与发展为旨归的一种教育。或曰是为了培养具有善良、平等、公正、友爱、宽容、聪颖、诚实等优秀品质,能够正确认识和处理既竞争又合作关系的21世纪一代新人。

的一个重要理念,它关系到新世纪教育的成败与人类自身的命运。回归生活的课程生态观,意味着学校课程突破学科疆域的束缚,向自然回归、向生活回归、向社会回归、向人自身回归,意味着理性与人性的完美结合,意味着科学、道德和艺术现实地、具体地统一。

(4)缔造取向的课程实施观

缔造取向的课程实施是最具有创新性的,它非常强调在课程实施的过程中要充分发挥师生的自主性、能动性和创造性,特别是要求教师具备较强的课程设计能力,因为教师不仅是课程的实施者,而且还是课程的设计者。因此,把教师看作教育研究者和课程设计者,是缔造取向课程实施的一个非常重要的理念,这也正是新课程发展所特别强调的。

(5)民主化的课程政策观

我国新一轮基础教育课程改革正式启动。这次课程改革的一个重要目标就是:"为保障和促进课程对不同地区、学校、学生的要求,实行国家、地方和学校课程三级管理。"

2. 多元智能与因材施教理论对幼儿教师培养的启迪

按加德纳的解释,智力是在某种人文环境的价值标准之下,个体用以解决问题与生产创造所需的能力。加德纳认为,构成智力者乃是七种能力:语言能力、数理能力、空间能力、音乐能力、运动能力、社交能力、自知能力。

加德纳的智力多元论,对传统的智力观念提出了新的诠释。加德纳的多元智能理论是以多维度的、全面的、发展的眼光来评价学生。加德纳认为,每一个孩子都是一个潜在的天才儿童。随着智能课程的实施,教师们发现,每一个孩子都有自己的"学习风格",因此教师应注意尊重学生的学习风格,认识学生的长处,发挥学生的智能所长。

通过近两年的"9+3"藏汉混班研究发现,我校藏区"9+3"学生由于独特的生活环境和所接受的教育,与内地学生相比她们在普通话、数理能力、自知能力等方面有较大差异,而在音乐能力、运动能力等方面差异并不显著。加德纳的多元智能理论与因材施教成为我们进行课程改革的理论指导。

3. 陶行知"教学做合一"理论的启迪

著名教育家陶行知是中国现代教育界提倡乡村教育、办乡村学校的先行者,他主张"生活即教育","社会即学校",教的方法要根据学的方法;学的方法要根据做的方法;事怎样做就怎样学,怎样学就怎样做;教与学都以做为中心。给我们的启迪是:反对读死书,提倡读活书;反对单方传授,提倡教学相长;不为考试教,只为生活教。陶先生"教学做合一"的理论给我们提供了一条很好的思路,与当前提倡的教育精神不谋而合。"做"是其中的精髓,教学生怎样做人、怎样做事、怎样把书本知识应用到实践活动中去,正是当前教育中缺失的东西。从这个意义上来看,陶先生的"教学做合一"理论是我们进行课程改革的又一理论支撑。

4. 藏区"9+3"学生典型心理特点对学习的影响

(1)个性心理特点

① 自我意识

有研究表明,藏族大学生有较强的自尊心和独立意识,表现出较好的自我接纳,具有积极的价值观倾向;总体上汉、藏、彝族青少年对自我是满意的,藏族学生主观幸福感最高。

②人格特质

人格特征的跨文化研究发现,藏、汉族学生的人格特征67％是相同的;藏族学生比汉族学生要开朗、乐群、注重传统、做事守恒,藏族学生随时维护团体精神,常常放弃个人的意愿,以取得团体的认同;藏汉学生的心理健康状况方面各具特点,在高成就和创造能力的预测上,青海藏汉大学生高于一般水平。

③学习心理

有研究表明,内地西藏班(校)高中生的学习自我效能感随年级的升高呈现显著下降的趋势;在部分动机因素、认识、意志和态度等方面大学生比中小学生有所提高;藏族学生在英语学习方面受到许多非智力性因素的影响,如学习英语的初始年龄、性格特点、学习动机以及独特的民族心理因素等。

(2)民族认同

王亚鹏对藏族大学生的民族认同进行研究,发现藏族大学生民族认同的定向类型除了消极的民族认同和积极的民族认同外,还包括对主流文化的认同。一方面,主流文化认同本身包含了态度的成分,这是对中华民族统一体的一种肯定;受国家政策和媒体宣传的影响,我国的藏族学生具有良好的国家观念,能够积极地肯定和认同由56个民族组成的中华民族统一体。

(3)文化适应

藏族学生文化适应特点。研究表明,藏族学生在文化适应的过程中主要运用整合、同化和分离三种文化适应策略。

对藏族女学生自信心和进取心研究发现,在主流文化背景下,女生多进行群体认同——对整体自信心不足;在民族文化背景下她们多进行个体认同——对个体充满自信。因此她们处于一种自卑与自信的矛盾心理之中。同时她们具有较强的进取心。

藏区"9+3"学生的这些典型心理特点对她们的学习产生影响,也为我们进行课程改革提供了心理学依据。

(二)实践依据

1.两个年级"9+3"藏汉学生混班学生使用原有课程方案的情况

(1)原有课程方案

2010年9月第一批藏区"9+3"学生入校,采用混班教学方式,课程方案沿用原有的课程方案,见下表。

三年制幼儿教育课程方案(2009年7月)

科　目	年级课时	一		二		三	总课时
		1	2	3	4	5	
文化基础课 (1 292课时,约占 总课时的37.69％)	心理健康	1					17
	政　治		1	2		1	68
	阅读写作	3	3	3	3		204
	听话说话			2	2		68

（续表）

科目	年级 课时 科目	一 1	一 2	二 3	二 4	三 5		总课时
文化基础课 （1 292课时，约占 总课时的37.69%）	语文素养	1	1	1	1			68
	幼儿文学				1	3		68
	普通话	2	2					68
	教师口语				2	2		68
	数 学	4	4	4(选)	4(选)			272
	英 语	3	3	3	3	3		255
	历 史	2	2					68
	地 理			2	2			68
教育理论课 （782课时，约占 总课时的22.81%）	幼儿卫生学	4						68
	幼儿心理学		4					68
	幼儿教育学			4				68
	语言与社会活动指导				3	5		136
	艺术教育活动指导				2	3		85
	计算教法				1	2		51
	健康教育指导				1	1		34
	科学活动指导				1	2		51
	幼儿英语教学法				1	2		51
	自然科学基础	2	2					68
	生 物			3	3			102
专业技能课 （1 207课时，约占 总课时的35.21%）	音 乐	5	5	5	5	5		425
	舞 蹈	2	2	2	2	3		187
	美 术	2	2	2	2	3		187
	体 育	2	2	2	2	2		170
	书 法	1	1					34
	写 字	1	1	1	1	1		85
	计算机	1	1	1	1	1		85
	现代教育技术					1		17
	幼儿园环境创设					1		17
项目实践 （147课时，约占 总课时的4.29%）	幼儿园实践		3天		3天	3天	17周	147
	周课时	36	36	37	38	41		3 428

通过两年的实践，在这一课程方案中，文化基础课及其要求对藏区"9＋3"学生来说有些高，学生学习难度大，混班教学不能很好地照顾藏区"9＋3"学生的个别差异性；而最受学生喜欢又能增强学生教育本领的活动课程及实践改进项目比例太少。

（2）教师的教学反映

由于内地学生与藏区"9＋3"学生在素质上有较大差异，尽管教师采用了分层教学、因材施教、加强辅导等策略，但还是普遍发现：部分文化类学科和技能学科，内地学生吃不饱，藏族学生吃不了，不能很好地完成教学任务，感到左右为难。

（3）学生学业成绩的比较

2010 级 2011—2012 学年度(上)期末考试部分学科成绩比较

学　科	音乐	琴法	舞蹈	简笔画	美术	体育	听话说话	写字	幼儿教育学
年级平均分	73.20	68.20	65.98	75.27	74.93	79.82	68.08	65.53	68.94
9＋3学生平均分	69.79	58.21	63.41	69.48	69.18	80.25	64.99	61.55	62.72
差异值	−3.41	−9.99	−2.57	−5.79	−5.75	0.43	−3.09	−3.98	−6.22

学　科	生物	政治	幼儿文学	教师口语	阅读写作	计算机	英语	英语口语	
年级平均分	72.57	66.42	59.14	75.62	66.36	75.47	62.33	65.54	
9＋3学生平均分	66.48	61.05	56.10	61.94	62.37	70.97	56.82	57.18	
差异值	−6.09	−5.37	−3.04	−13.68	−3.99	−4.5	−5.51	−8.36	

2011 级 2011—2012 学年度(上)期末考试部分学科成绩比较

学　科	自然科学	幼儿卫生学	历史	体育	政治	阅读写作	美术	现代教育技术	琴法	美术简笔画
年级平均分	79.27	68.95	65.81	69.65	75.15	67.80	73.57	62.24	73.57	71.44
9＋3学生平均分	75.19	64.45	65.63	69.76	72.91	68.83	69.18	59.73	69.30	68.06
差异值	−4.08	−4.5	−0.18	0.11	−2.24	1.03	−4.39	−2.51	−4.27	−3.38

学　科	地理	英语	计算机	英语技能	视唱	舞蹈	数学	乐理	书法	普通话
年级平均分	60.69	65.67	65.96	67.63	74.19	65.15	67.23	85.27	68.00	75.49
9＋3学生平均分	57.19	54.68	61.64	60.38	72.46	63.46	63.77	78.53	64.44	68.32
差异值	−3.5	−10.99	−4.32	−7.52	−1.73	−1.69	−3.46	−6.74	−3.56	−7.17

通过对 2010 级、2011 级 2011—2012 学年度(上)期末考试部分学科成绩比较，可以看出藏区"9＋3"学生与内地学生在大部分知识与技能学科方面存在较大差异，经过实践反思发现通过课程改革才能有效提高藏区"9＋3"学生的学业成绩，进一步提高学生的教育能力。

2. 混班教学给培养增加了难度

2010 级、2011 级三年制幼儿教育专业各 6 个班，"9＋3"学生分解到各个班，采用混班教学。

2010 年 9 月第一批藏区"9＋3"学生入校，采用混班教学方式，课程方案沿用原有的课程方案，而这一课程方案主要是针对内地学生的实际和沿海城市、成都、重庆等地的幼儿园对幼儿教师的需求来制定的，没有考虑藏区幼儿园对幼儿教师的特殊需要。通过两年的实践，在这一课程方案中，文化基础课及其要求对藏区"9＋3"学生来说有些高，学生学习难度大，混班教学不能很好地照顾藏区"9＋3"学生的差异性；而最受学生喜欢又能增强学生教育本领的活动课程及实践改进项目、体现藏区特色的教育内容比例太少。因此,现行幼儿教育专业实施的课程方案,对藏区"9+3"幼儿教育专业学生来说学科设置、课时安排、教学活动模式、学业评价等诸多方面存在问题,必须进行改革。

3. 藏区"9+3"学生识汉字量不够,方音重,学习普通话存在比较大的问题

按规定达不到二级甲等的学生不能办理幼儿教师资格证,这就意味着不能上岗。截至2012年3月,2010级三年制幼儿教育共458人,过二级甲等268人,占总人数的58.52%,而藏区"9+3"学生共88人参加测试,过二级甲等12人,占13.61%。由此可见,差异巨大,如果不进行课程改革和教学改革,藏区"9+3"学生的普通话水平很难上一个新的台阶。

4. 课程设置与××州幼儿教师招考及藏区乡镇机关和事业单位公招考试矛盾突出

我们关注藏区"9+3"学生知识的学习、技能的培养,关注学生的终身发展。但学生、家长、学校以及上级领导更关注的是就业。2011年××州幼儿教师招考笔试科目为《教育学》、《教育心理学》、《藏语》、《幼儿教育专业理论知识与技能》,面试科目为说课,2012年××州藏区"9+3"公招考试为《综合知识》,从前瞻的角度来看,必须主动进行课程改革,及时应对××州幼儿教师招考及藏区乡镇机关和事业单位公招考试,以利解决学生的出路问题。

三、研究对象

2010级藏区"9+3"学生88名,2011级藏区"9+3"学生98名,2012级13—14班藏区"9+3"学生100名。各年级均为女生。

四、主要研究方法

1. 教育观察法

教育观察法是研究者在比较自然的条件下通过感受或借助一定的科学仪器,在一定时间、一定空间内进行的有目的、有计划地考察并描述教育现象的一种研究方法。它是教育科研中获取科学事实,形成科学结论的主要方法之一。

2. 教育调查法

教育调查法是在科学方法和教育理论指导下,通过运用问卷、访谈、测量等科学方式,有目的、有计划、有系统地搜集有关教育问题或教育现状的资料,从而获取有关教育现象的科学事实,并形成关于教育现象的科学认识的一种研究方法。

3. 经验总结法

经验总结法是指将研究过程中的感性认识加以分析、综合、抽象与概括,从而将感性认识上升到理性认识,总结出经验的一种研究方法。

4. 比较研究法

比较研究法是指通过对研究对象活动前后的资料进行统计分析,对照比较,得出结论的一种研究方法。

5. 个案研究法

个案研究法是指通过对部分抽样(研究个体)进行跟踪调查,研究其变化的一种研究方法。

6. 行动研究法

行动研究法是指由实际教育工作者(通常是教师)担任研究者,以学校教育亟待改进的实际

问题为研究内容,以改进这些教育活动为目的的研究方法。

7. 作品分析法

作品分析法是指通过对被试(研究个体)的作品(研究成果、获奖证书等)进行评价,从而得出结论的一种研究方法。

8. 档案袋评价法

档案袋评价法是指通过对课题研究资料或个体的资料进行分析、评价,得出结论的一种研究方法。

五、研究设计

(一)准备阶段

2011年9月—2012年6月,搜集资料、选题、论证、撰写研究方案、立项阶段。

(二)研究实施阶段

2012年9月—2015年7月,这一阶段又分为6个学期开展研究。

1. 第一学期(2012.9—2013.2)

藏区"9+3"三年制幼儿教育课程改革实施方案(一)

2012.3

科目 \ 课时 \ 年级		一年级 1期	总课时	新增	教材	改革理念	主要研究方法
文化基础课	心理健康	1	17				内容分析法
	阅读写作	3	51				测验法
	识字课	1	17	新增	校本教材		测验法
	普通话	2	34			做中教,做中学	测验法
	藏语	1	17	新增	校本教材	做中教,做中学	测验法
	数学常识	2	34		校本教材		测验法
	英语	3	51				测验法
	历史常识	1	17		校本教材		测验法
	地理常识	1	17		校本教材		测验法
	自然科学基础	2	34		校本教材		测验法
教育理论	幼儿卫生学	4	68				测验法
	教育学基础	2	34	新增			测验法
专业技能课	音乐	2	34			做中教,做中学	测验法
	琴法	2	34			做中教,做中学	作品分析法
	美术	2	34			做中教,做中学	作品分析法
	舞蹈	3	51			做中教,做中学	测验法
	体育	2	34			做中教,做中学	测验法
	书法	1	17			做中教,做中学	作品分析法
	计算机	1	17			做中教,做中学	作品分析法
	现代教育技术	1	17			做中教,做中学	作品分析法

科 目 \ 课 时 \ 年 级		一年级 1期	总课时	新增	教材	改革理念	主要研究方法
特色活动课程	特色音乐活动课	1	17	新增	校本教材	做中教,做中学	测验法
	礼 仪	1	17			做中教,做中学	测验法
	特色舞蹈活动课程	1	17	新增	校本教材	做中教,做中学	作品分析法
	特色美术活动课程	1	17	新增	校本教材	做中教,做中学	作品分析法
实践项目	幼儿园实践(见习、实习)						
	周课时	42					

备注:每周星期三下午7—8节、星期六下午5—6节为选修课时间。

2. 第二学期(2013.3—2013.7)

藏区"9＋3"三年制幼儿教育课程改革实施方案(二)

2012.3

科 目 \ 课 时 \ 年 级		一年级 2期	总课时	新增	教材	改革理念	主要研究方法
文化基础课	政 治	1	17				测验法
	阅读写作	3	51				测验法
	识字课	1	17	新增	校本教材		测验法
	普通话	2	34			做中教,做中学	测验法
	藏 语	1	17	新增	校本教材	做中教,做中学	测验法
	数学常识	2	34		校本教材		测验法
	英 语	3	51				测验法
	历史常识	1	17		校本教材		测验法
	地理常识	1	17		校本教材		测验法
	自然科学基础	2	34		校本教材		测验法
教育理论	幼儿心理学	4	68				
专业技能课	音 乐	2	34			做中教,做中学	测验法
	琴 法	2	34			做中教,做中学	测验法
	美 术	2	34			做中教,做中学	作品分析法
	舞 蹈	3	51			做中教,做中学	测验法
	体 育	2	34			做中教,做中学	测验法
	书 法	1	17			做中教,做中学	作品分析法
	计算机	1	17			做中教,做中学	作品分析法
	现代教育技术	1				做中教,做中学	作品分析法
特色活动课程	特色音乐活动课	1	17	新增	校本教材	做中教,做中学	作品分析法
	特色舞蹈活动课程	1	17	新增	校本教材	做中教,做中学	作品分析法
	特色美术活动课程	1	17	新增	校本教材	做中教,做中学	作品分析法

（续表）

科目 年级 课时		一年级 2期	总课时	新增	教材	改革理念	主要研究方法
实践项目	幼儿园实践（见习、实习）	3天	21				
	周课时	43					

备注：每周星期三下午 7—8 节、星期六下午 5—6 节为选修课时间。

3. 第三学期（2013.9—2014.2）

藏区"9＋3"三年制幼儿教育课程改革实施方案（三）

2012.3

科目 年级 课时		二年级 3期	总课时	新增	教材	改革理念	主要研究方法
文化基础课	政 治	1	17				测验法
	阅读写作	3	51				测验法
	听话说话	2	34				测验法
	语文素养	1	17	新增	校本教材		测验法
	普通话	3	51			做中教,做中学	测验法
	藏 语	1	17	新增	校本教材	做中教,做中学	测验法
	英 语	3	51				测验法
	生 物	2	34				测验法
教育理论	幼儿教育学	4	68				测验法
	教育心理学	4	68	新增			测验法
专业技能课	音 乐	2	34			做中教,做中学	测验法
	琴 法	2	34			做中教,做中学	测验法
	美 术	2	34			做中教,做中学	作品分析法
	舞 蹈	3	51			做中教,做中学	测验法
	体 育	2	34			做中教,做中学	测验法
	写 字	1	17			做中教,做中学	作品分析法
	计算机	1	17			做中教,做中学	作品分析法
特色活动课程	特色音乐活动课	1	17	新增	校本教材	做中教,做中学	作品分析法
	特色舞蹈活动课程	1	17	新增	校本教材	做中教,做中学	作品分析法
	特色美术活动课程	1	17	新增	校本教材	做中教,做中学	作品分析法
	特色生物活动课	1	17	新增	校本教材	做中教,做中学	作品分析法
实践项目	幼儿园实践（见习、实习）						
	周课时	43					

备注：每周星期三下午 7—8 节、星期六下午 5—6 节为选修课时间。

4. 第四学期(2014.3—2014.7)

藏区"9＋3"三年制幼儿教育课程改革实施方案(四)

2012.3

科　目	年级　课时	二年级 4 期	总课时	新增	教　材	改革理念	主要研究方法
文化基础课	政　治	1	17				测验法
	阅读写作	3	51				测验法
	听话说话	2	34				测验法
	语文素养	1	17	新增	校本教材		测验法
	幼儿文学	1	17				测验法
	藏　语	1	17	新增	校本教材	做中教,做中学	测验法
	教师口语	2	34				测验法
	英　语	3	51				测验法
	生　物	2	34				测验法
教育理论	幼儿教师招考	1	17	新增	校本教材		测验法
	语言与社会活动指导	3	51				测验法
	艺术教育活动指导	2	34				测验法
	计算教法	1	17				测验法
	健康教育指导	1	17				测验法
	科学活动指导	1	17				测验法
	幼儿英语教学法	1	17				测验法
专业技能课	音　乐	2	34			做中教,做中学	测验法
	琴　法	2	34			做中教,做中学	测验法
	美　术	2	34			做中教,做中学	作品分析法
	舞　蹈	3	51			做中教,做中学	测验法
	体　育	2	34			做中教,做中学	测验法
	写　字	1	17			做中教,做中学	作品分析法
	计算机	1	17			做中教,做中学	作品分析法
	现代教育技术						
特色活动课程	幼儿舞创编	1	17			做中教,做中学	作品分析法
	幼儿园环境创设	1	17		校本教材	做中教,做中学	作品分析法
	特色科技教玩具活动课	1	17	新增	校本教材	做中教,做中学	作品分析法
	就业指导	1	17		校本教材	做中教,做中学	作品分析法
实践项目	幼儿园实践(见习、实习)	3 天	21			做中教,做中学	
	周课时	43					

备注:每周星期三下午 7—8 节、星期六下午 5—6 节为选修课时间。

5. 第五学期(2014.9—2015.2)

藏区"9＋3"三年制幼儿教育课程改革实施方案（五）

2012.3

科 目 \ 年级课时	课 时	三年级 5期	总课时	新增	教 材	改革理念	主要研究方法
文化基础课	政 治	1	17				测验法
	幼儿文学	3	51				测验法
	藏 语	1	17	新增	校本教材		测验法
	教师口语	2	34				测验法
	英 语	3	51				测验法
教育理论	幼儿教师招考	1	17	新增	校本教材		测验法
	亲子教育	1	17	新增	校本教材		测验法
	语言与社会活动指导	4	68				测验法
	艺术教育活动指导	3	51				测验法
	计算教法	2	34				测验法
	健康教育指导	1	17				测验法
	科学活动指导	2	34				测验法
	幼儿英语教学法	2	34				测验法
专业技能课	音 乐	2	34			做中教,做中学	测验法
	琴 法	2	34			做中教,做中学	测验法
	美 术	2	34			做中教,做中学	作品分析法
	舞 蹈	3	51			做中教,做中学	测验法
	体 育	2	34			做中教,做中学	测验法
	写 字	1	17			做中教,做中学	作品分析法
	计算机	1	17			做中教,做中学	作品分析法
活动课程	幼儿舞创编	1	17			做中教,做中学	作品分析法
	幼儿园环境创设	1	17		校本教材	做中教,做中学	作品分析法
	就业指导	1	17		校本教材	做中教,做中学	作品分析法
实践项目	幼儿园实践（见习、实习）	3天	21			做中教,做中学	
	周课时	42					

备注：每周星期三下午 7—8 节、星期六下午 5—6 节为选修课时间。

6. 第六学期(2015.3—2015.7)学生顶岗实习。

（三）结题评审阶段

2015 年 9—12 月,整理研究资料、成果总结、撰写研究报告、结题评审阶段。

六、预期改革效益

1. 学生发展

（1）通过课程改革，增加《识字》课，二年级上期增加《普通话》、《语文素养》课，学生普通话检测二级甲等和二级乙等的过关率比 2010 级、2011 级藏区"9＋3"学生有显著提高。

（2）学生的专业技能得到提升，特别是游戏活动的组织能力、说课能力、实践改进项目等方面有显著进步。

（3）具备基本的《教育学》、《教育心理学》、《幼儿教育专业理论》知识。

（4）其他方面的发展。

2. 教师的教育观念得到改变，教育教学行为得到改善

通过本课题研究，所有参研教师实践新课程理念，理解和接受多元智能理论，在教学过程中根据藏区"9＋3"学生的心理特点，自觉实施"做中教，做中学"，改变传统的注入式、填鸭式教学模式和教学方法，使教师队伍的专业化水平得到提高。

3. 通过课程改革，增加《特色音乐活动课程》、《特色美术活动课程》、《特色舞蹈活动课程》、《特色教玩具制作活动课程》等课程，让学生参与实践改进项目，真正做到"做中教和做中学"，实现教育教学活动方式的大跨越。

4. 通过本课题研究，形成独特的，适合藏区"9＋3"学生心理特点的课程方案，形成我校系列校本课程和校本教材。

5. 探索出适应××州公务员考试、事业单位公开招聘考试和幼儿教师招考的课程体系及教学内容，学生参加藏区公务员、事业单位、幼儿教师招考在全省同类学校处于领先地位。

6. 探索利用活动课程培养藏区"9＋3"学生良好品德和行为习惯。

7. 本课题研究成果为同类学校提供理论和实践经验的借鉴。

七、完成本课题的研究能力和时间保证分析

学校领导对教育科研十分重视，以"科研兴校"为办学理念。学校先后承担过省、市、县级立项科研课题，研究成果分获省政府教学成果二等奖，市政府教学成果二、三等奖等。2010 年我校被授予全国教育科研先进集体荣誉称号。对正在进行的国家、市、县级立项课题研究，学校又投入了大量人力、物力和财力，保证了课题研究的顺利进行，并取得了阶段性研究成果。2010 年把《藏区"9＋3"学生感恩教育实践与研究》确立为市级立项科研课题，学校支持将本课题申报为省级立项科研课题。

本课题研究的主研人员中已有 2 名教育硕士，有能力、有可能完成本课题的研究工作。学校以规范化、制度化的方式来管理课题研究，并为教科室配备了 6 名兼职工作人员，从而保证了本课题研究的顺利进行。

为了保证本课题的开展，学校派出了多批次教师参加藏区"9＋3"研讨会，为课题选题、立项奠定了理论基础。本课题研究的前期成果《藏区"9＋3"学生融合教育》发表在《当代教育教学》2011 年第 5 期上，40 多位教师撰写了关于藏区"9＋3"学生教育教学经验论文。

学校图书馆拥有一定藏量的图书，科研经费充足，保证本课题研究的师资培训、资料购置、奖励经费等。

附课题组主要研究人员名单

课题名称	藏区"9+3"三年制幼儿教育专业课程改革实践与研究					
申请人(负责人)姓名	王××	性别	男	民族	汉	出生日期	1964.3
专业职称	政治高级讲师	行政职务	校长	研究专长	教育管理
主要研究人员	姓　名	性别	年龄	职称/职务	工作单位
	王××	男	48	校长、政治高级讲师	××幼儿师范学校
	牟××	男	47	教务主任、教育学高级讲师	××幼儿师范学校
	廖　×	男	30	教育学讲师	××幼儿师范学校
	宁　×	女	22	教育学教员	××幼儿师范学校
参加研究人员	其他任课教师、班主任、"9+3"办公室人员、政教处人员、招生就业处人员、子课题《发挥特色活动课程优势,培养藏区"9+3"学生良好品德和行为习惯研究》的研究人员。					

【案例分析】

　　本案例对课题进行了界定,更加明确了课题的内涵和外延。课题的提出包括理论依据和实践依据。理论依据围绕课程改革的基本理念、多元智能与因材施教理论对幼儿教师培养的启迪、陶行知"教学做合一"理论的启迪、藏区"9+3"学生典型心理特点对学习的影响等几个方面来阐述,为课题的提出提供理论支撑;实践依据从两个年级"9+3"藏汉混班学生使用原有课程方案的情况、学生学业成绩的比较、混班教学给培养增加的难度、藏区"9+3"学生识汉字量不够、方音重,学习普通话存在比较大的问题、课程设置与××州公务员考试、事业单位公招考试和幼儿教师招考矛盾突出等几方面来分析,从实践层面提出改革的必要性。研究设计包括了研究对象、研究方法、研究目标、研究的主要阶段、研究内容及措施等方面,重点是实施阶段的划分、课程改革的具体内容及措施。预期改革效益主要从学生发展、教师的教育观念得到改变、教育教学行为得到改善、让学生参与实践改进项目,真正做到"做中教和做中学",实现教育教学活动方式的大跨越、形成独特的、适合藏区"9+3"学生心理特点的课程方案校本教材、探索出适应××州幼儿教师招考、乡镇机关和事业单位招考的课程体系及教学内容等方面来阐述,直指研究成果。完成本课题的研究能力和时间保证分析主要从领导重视、师资力量、经费保障、设备设施等方面来写。组织机构以表格形式出现,一目了然。本案例尚存在诸多不足之处,但可为初学者提供宝贵的借鉴。

【思考与练习】

1. 一般性的研究方案制定的策略是什么?

2. 从思维的角度来说,研究方案制定主要回答哪四个基本问题?

【实践活动】

学生以课题组为单位,撰写模拟立项科研课题研究方案。

参考文献

[1] 张军、马存芳:《藏族大学生自我意识与价值观初探》,《心理学探新》2002 年第 4 期。

[2] 刘诚芳、陈国典、吴娟:《藏族彝族大学生自我接纳的跨文化研究》,《西南民族大学学报》(人文社科版)2005 年第 12 期。

[3] 周莹、陈红:《汉、藏、彝族青少年身体自我满意度比较》,《心理测量与评估》2005 年第 12 期。

[4] 宋兴川:《青海藏汉大学生人格特征的跨文化比较》,《青海民族学院学报》(社会科学版)2000 年第 1 期。

[5] 赵铭锡、刘暖:《藏、汉族中师生人格特征的比较研究》,《民族教育研究》2001 年第 4 期。

[6] 北京西藏中学教科研小组:《内地西藏班(校)高中生学习自我效能感特点的研究》,《民族教育研究》2009 年第 5 期。

[7] 范忠雄:《藏族大学生数学学习心理及其相关因素调查报告》,《民族教育研究》2005 年第 1 期。

[8] 王文圣、张苒:《藏族学生非智力因素与英语学习困难分析及对策》,《中国科教创新导刊》2007 年第 15 期。

[9] 刘雪莲:《非智力性因素对藏族大学生英语学习的影响》,《西藏大学学报》2008 年第 8 期。

[10] 王亚鹏:《藏族大学生的民族认同、文化适应与心理疏离感》,西北师范大学硕士论文,2002 年。

[11] 李波、杨小峻:《藏族女大学生自信心和进取心研究》,《西藏民族学院学报》(哲学社会科学版)2001 年第 9 期。

第四章

立 项 与 开 题

【理论导航】

一、立项

（一）立项的策略

教育科学研究是一种科学研究活动。它可以是自发的，也可以是自觉的；可以是有组织的，也可以是没有组织的。自发的教学研究活动有其独特的优越性，对教师的专业成长有一定的帮助，局限性是目的性、计划性和组织性不够强，在研究活动中信息不够灵通，缺乏教育理论的指导，在研究过程中往往要走许多弯路，其研究成果多为经验总结。随着新一轮课程改革的深入，在校本行动研究中常以课题研究的形式来推进课程改革。而立项课题研究是一种具有明确目的性、计划性和组织性的探究教育现象内在因果联系和规律的创新和发现活动，它同自发性的研究活动相比更具优越性。

立项课题研究具有明确的目的性和计划性，为研究指明了方向，这样避免了盲目性，提高了科学性，使研究可以少走弯路，缩短研究的周期，取得更好的成效；立项课题研究具有组织性，有利于形成一个研究集体，有利于在研究过程中的信息交流，发挥集体的智慧，培养团队与合作精神，也有利于教育科研部门的指导，增强教育理论的指导性。

在拟好了选题、制定好了研究方案之后，在规定的时间范围内由校级、县级、市级、省级、国家级逐级向上申报。一般情况下，高一级课题是建立在低一级课题研究的基础上。在申请立项时需同时递交研究计划（方案）和立项申请书，然后由各级教育科研规划办公室批准后即正式立项，成为立项科研课题。

不同级别的立项申请书格式和填写要求有所不同。以省级立项申请书为例，一般来说需要填写项目名称、课题负责人、信息卡、课题组成员近期取得的研究成果、曾经担任过的省级以上研究课题、课题设计[主要指课题的论证：1. 选题：本课题国内、省内研究现状评述。2. 内容：本课题研究的主要思路（包括本项改革方案的主要观点、途径、措施、目的）。3. 价值：本课题创新程度,选题的教改意义及应用价值。4. 预期的教育改革效益。(以上四方面内容的阐述共限定在 2 000 字以内)〕、完成课题的条件保证、研究计划(由四个计划组成)、经费预算、立项审批意见等部分,重点是要填写好课题设计和研究计划这两个部分。对于省级以下的立项申请书要简单一些,要求略低一些,重点是课题论证和研究设计部分。在填写立项申请书时要注意参考研究方案,需仔细斟酌,反复修订。定稿后按照申报要求准备足够的分数。审批后的立项申请书一定要妥善保管,以备将来检查、结题评审和申报奖励之用。

对于未能成为县级以上立项的课题可作为校级立项科研课题加以立项。对于审批立项的县级以上科研课题应及时召开开题论证会,进一步修订研究方案,并组织实施。

(二) 立项申请书撰写示例

【典型案例】

年度	2012
编号	

××省教育科研资助金项目
课题申请·评审书

申请类别 　□重点课题 　　　□一般课题

课题名称 　藏区"9+3"三年制幼儿教育专业课程改革实践与研究

选题分类 　课程改革 学科教学改革研究

课题申请人(负责人) 　王××

申请人(负责人)所在单位 　××省××幼儿师范学校

填表日期 　2012.4.8

××省教育科学规划办公室

2012 年 3 月制

申请者的承诺：

本人自愿申报××省教育科研资助金项目。我保证如实填写《××省教育科研资助金项目课题申请•评审书》(以下简称《课题申请•评审书》)各项内容。如果获准立项，我承诺以《课题申请•评审书》为有约束力的协议，接受××省教育科学规划领导小组办公室及其委托部门的管理，遵守××省教育科学规划领导小组办公室的有关规定，在教育教学实践中认真开展研究工作，取得预期研究成果。××省教育科学规划领导小组办公室有权使用本表所有信息。

申请者(签章)：

2012 年 4 月 8 日

填 表 要 求

一、请用计算机或钢笔准确如实填写各项内容，书写要清晰、工整。

二、本表报送一式 5 份。复印请用 A4 复印纸，于左侧装订成册。

三、封面上方 2 个代码框申请人不填，其他栏目由申请人用中文填写。

四、请按"填写数据表注意事项"的要求，准确、清晰地填写数据表各栏内容；若有其他不明问题，请与××省教育科学规划领导小组办公室联系。

五、本表须经课题负责人所在单位领导审核，签署明确意见，承担信誉保证并加盖公章后方可上报。

六、未尽事宜，请与省教育科学规划领导小组办公室联系。

联系地址：××市××县航空港××路 11 号　邮政编码：610225

联系电话：(028)85876165、(028)85876166、(028)85876134

电子信箱：wxhelen@yahoo.com.cn

填 表 说 明

课题名称应准确、简明反映研究内容，最多不超过 40 个汉字(包括标点符号)。

申请类别共有两类，由申请人自主决定选择其中一项，并在封面相应的□中划"√"；在"登录"表中"申请类别"栏填写上，前一空格应分别填入相应的字母(代码)，后一空格填写相应的具体内容。

A. 重点课题　　　　B. 一般课题

选题分类系指《2012 年度"四川省教育科研资助金项目"课题指南》中的课题分类。在封面上请选项填写，限填 1 项，如"教师教育研究"。在"登录"中"选题分类"栏的填写上，前一空格应分别填入相应的字母(代码)，后一空格填写相应的具体内容。

A. 综合研究　B. 教育管理与学校管理研究　C. 德育研究与心理健康教育研究　D. 基础教育研究　E. 职业教育研究　F. 课程改革、学科教学改革研究　G. 教师教育研究　H. 体育与艺术教育研究　I. 民族教育研究　J. 信息技术教育研究　K. 其他(自选)

"主要研究人员"指在研究中真正承担研究任务的研究人员(含课题负责人)。

"近期取得的与本课题有关的研究成果"指：(1)"近期取得的研究成果"指三年内本课题组研究人员公开发表、出版或在校级以上会议上公开交流的论文等；(2)"与本课题有关"指近期取得的研究成果是与本课题研究的主要内容、主要观点、基本思路相关。

"教育改革价值"指：本课题研究成果对改善教育实践、提高教育教学工作水平、形成新的教育认识上的作用。

"省内及国内相关研究现状述评"指：就本课题研究所涉及的主要领域而言，在教改实践研究或理论研究上，目前省内、国内已形成了哪些重要观点、操作成果、研究视角以及研究中的不足或局限。

"重要的文献资料"指：用于启迪、指引、支撑本课题研究的重要文献资料，论文、研究报告、书刊等。论文须注明名称、作者、发表刊物、期刊号或（进行交流的）会议名称等；书籍须注明书名、作者、出版社、出版时间等。

一、登录

课题名称	藏区"9＋3"三年制幼儿教育专业课程改革实践与研究					
主 题 词	"9＋3" 幼儿教育专业 课改 实践研究					
申请类别	A	重点课题	选题分类	F	课程改革学科教学改革研究	
申请人（负责人）姓 名	王××	性别	男	民族	汉	出生日期	1964.3
专业职称	政治高级讲师	行政职务	校 长	研究专长	教育管理	

主要研究人员	姓 名	性别	年龄	职称/职务	工作单位
	王××	男	48	校长、政治高级讲师	××幼儿师范学校
	牟××	男	47	教务主任、教育学高级讲师	××幼儿师范学校
	廖 ×	男	30	教育学讲师	××幼儿师范学校
	宁 ×	女	22	教育学教员	××幼儿师范学校

备 注	"9＋3"住校管理人员、其余任课教师作为参研人员参与研究。学校"9＋3"办公室、"9＋3"班主任、学生处部分人员作为子课题《发挥特色活动课程优势，培养藏区"9＋3"学生良好品德和行为习惯研究》的研究人员。

二、负责人和课题组成员近期取得的与本课题有关的研究成果

成 果 名 称	著作者	成果形式	发表刊物或出版单位或公开交流的场合	发表、出版或交流时间
师范生教育科研能力培养研究	王×× 牟××	研究报告	××省人民政府第四届教学成果二等奖	2009.12
幼儿教师教育	王××主编	教 材	辽宁民族出版社	2009.7
幼儿教师语文素养	王××主编	教 材	复旦大学出版社	2009.7
思维训练	王××主编	教 材	复旦大学出版社	2009.10
美学基础与幼儿美育	王××主编	教 材	复旦大学出版社	2006.6
学前教育科研方法（第九章）	牟××参编	教材（第二版）	复旦大学出版社	2012.3
《藏区"9＋3"中职学生融合教育探索》	牟××	论 文	《当代教育教学》	2011.5
《初中起点五年制学前教育专科学历教师培养研究》	牟××	论 文	《当代教育教学》	2011.6
《浅论作品分析法在学前教育科研中的运用》	牟××	论 文	《教育改革与创新杂志》	2012.4

三、负责人和课题组成员曾经承担的省级及以上研究课题

课 题 名 称	课题类别	批准时间	批准单位	完 成 情 况
师范生教育科研能力培养研究	省 级	2002.6	××省教科所	已结题，××省人民政府第四届教学成果二等奖
基于网络的教师培养研究	国家级	2006.4	××省电教馆	已结题

四、课题设计论证

（一）本研究的意义：目的、教育改革价值（300字以内）

藏区"9＋3"幼儿教育专业学生免费教育，是近几年来××省实施的一项重大民生工程，也是教育改革的新生事物，将藏区"9＋3"免费教育计划和民族地区学前教育发展两个重大课题有机结合，在当前教育改革与发展大背景下具有重大意义。

2010年根据省教育厅的安排，我校开始招收藏区"9＋3"幼儿教育专业学生89名，2011年招收98名，均采用与其他三年制幼儿教育专业学生混班教学的方式进行培养，课程方案没有变化，教材统一。由于藏区"9＋3"幼儿教育专业学生和内地学生在文化基础、艺术技能、学习能力等各方面存在显著的差异性，因此在教学过程中出现了诸多问题。学校尽管采取了分层教学等措施，取得了一定成效，但总体效果与预期目标存在较大差距，结果不尽如人意。

2011年学校应××州教育局要求同时招收了1个××州学前教育师资培养短训班，在高二学生中通过笔试和面试，择优录取了100名志愿从事幼教工作的同学来我校进行为期一年的培养，重在师技师能的训练，积累了一些宝贵的教学与管理经验。

随着国家普及学前教育的日渐推进，藏区幼儿教育师资供求矛盾越来越突出，为了培养更多热爱藏区幼教事业的新师资，针对学校工作实际，在广泛了解全省10余所举办同类专业的兄弟学校人才培养的经验与教训之后，我校组织精干力量，经过反复论证，学校决定在原有三年制幼儿教育专业课程方案的基础上进行全面改革，重新设计出一套适合现代教育理念和藏区"9＋3"幼儿教育专业学生的课程方案并进行实践研究，本着"管理好、教育好、就业好"的要求，深入探索"9＋3"学生的教育与管理，并由此促进学校整体管理水平上新台阶，为今后继续举办藏区"9＋3"幼儿教育专业奠定坚实的基础，同时为全省同类举办藏区"9＋3"幼儿教育专业的学校提供有益的宝贵经验。

（二）相关研究述评：省内及国内教育改革领域内的研究现状、本研究的创新点（700字以内）

2011年6月，在省教科所召开的"9＋3"学校学前教育专业研讨会上，××省教科所吉××所长介绍了省教科所前期赴藏区开展学前教育师资需求专题调研发现的重要问题：当前我省藏区学前教育发展不足，未来几年不仅师资需求量大，而且对教师素质、能力等方面有特殊需求。吉××所长在部署全省"9＋3"学前教育专业教育教学研究工作时提出：民族地区发展学前教育难度大，省教科所将牵头组织各市州教科研部门，与"9＋3"学校一道，按照省委省政府藏区"9＋3"免费教育计划工作的总体思路，针对民族地区学前教育发展需求，深入研究，共同探讨"9＋3"学校学前教育专业课程设置与教育教学方法改革措施，进一步增强"9＋3"学校学前教育专业培养针对性、时效性，帮助藏区学生切实掌握过硬本领，顺利走上工作岗位。周×研究员作

了题为"关于改进、调整'9+3'学前教育专业教育内容、方式的思考与建议"的主题报告。周林研究员指出,"9+3"学校学前教育专业办学应当关注民族地区幼儿师资的需求和"9+3"学前教育专业学生今后的走向,应当思考与研究七个问题:(1)爱生(爱心)是教育根本之一;(2)帮助儿童亲近自然、友爱伙伴、善待自己、构筑生活态度与观念;(3)重视发展儿童语言(双语);(4)维护(追随)、组织儿童的游戏;(5)(面向散居儿童)开展家庭教育指导、亲子互动指导;(6)克服小学化倾向;(7)能自觉投身"实践改进项目",特别是重大项目,在其中提高自身教育本领。

目前省内有××幼师、××县职业高级中学等一批学校承担有藏区"9+3"三年制幼儿教师培养工作,各个学校都在实践中研究,出现了一些研究成果,但需要研究的问题还很多,就课程改革而言,本课题研究可以说走在全省的前例。

本课题研究的创新点在于基于藏区"9+3"学生实际的课程改革,力求通过课程改革在以下几个方面实现突破。

1. 新课程方案设计问题。

2. 普通话测试问题。

3. 专业技能提高问题(特别是游戏活动的组织、藏区幼儿教养教育、实践改进项目等)。

4. 就业准备问题,也就是毕业后参加公务员考试、事业单位公招考试和幼儿教师招考问题。

5. 转变教育观念,突破原有课程的束缚,切实做到"做中教,做中学"。

(三)拟研究的问题:相关教育现状(问题情景)、拟实施的教育改革任务与教育现状间的差距或矛盾、由此形成的基本问题。拟进行的课程改革与当前藏区"9+3"幼儿教育专业学生之间的矛盾(1 200字以内)

1. 藏区"9+3"幼儿教育专业学生现状

(1)藏区"9+3"学生入学《语文》、《数学》、《英语》摸底考试成绩与内地学生相比有比较大的差异。

(2)藏区"9+3"学生与内地学生学业成绩的比较

2010级 2011—2012学年度(上)期末考试部分学科成绩比较

学　科	音乐	琴法	舞蹈	简笔画	美术	幼儿教育学	生物	教师口语	英语口语
年级平均分	73.20	68.20	65.98	75.27	74.93	68.94	72.57	75.62	65.54
9+3学生平均分	69.79	58.21	63.41	69.48	69.18	62.72	66.48	61.94	57.18
差异值	−3.41	−9.99	−2.57	−5.79	−5.75	−6.22	−6.09	−13.68	−8.36

2011级 2011—2012学年度(上)期末考试部分学科成绩比较

学科	自然科学	幼儿卫生学	普通话	英语	英语技能	地理	美术	乐理	琴法	美术简笔画	语文素养
年级平均分	79.27	68.95	75.49	65.67	67.63	60.69	73.57	85.27	73.57	71.44	67.78
9+3学生平均分	75.19	64.45	68.32	54.68	60.38	57.19	69.18	78.53	69.30	68.06	64.41
差异值	−4.08	−4.5	−7.17	−10.99	−7.52	−3.5	−4.39	−6.74	−4.27	−3.38	−3.77

通过对 2010 级、2011 级 2011—2012 学年度(上)期末考试部分学科成绩比较,可以看出藏区"9+3"学生与内地学生大部分知识与技能学科存在较大差异,经过实践发现课程改革能有效提高藏区"9+3"学生的学业成绩。

(3)学生学习状态不佳

由于内地学生与藏区"9+3"学生在素质上有较大差异,教师尽管采用了分层教学、因材施教、加强辅导等策略,但任课教师普遍反映:第一,藏区"9+3"学生对部分文化类学科学习兴趣不高;第二,内地学生吃不饱,藏区学生吃不了,不能很好地完成教学任务,感到左右为难。例如:上《数学》、《自然科学》、《生物》、《阅读写作》、《五大领域教学法》等课,藏区学生有很多地方听不懂,东张西望的学生较多;《数学》的期末考试,藏区"9+3"学生写了班级、姓名、学号就开始睡觉,其他学科试卷上很多地方都是空白。但藏区"9+3"学生一上《音乐》、《美术》、《舞蹈》等课程精神状态好,学习兴趣浓。

(4)藏区"9+3"学生识汉字量不够,方音重,学习普通话存在比较大的问题

按规定,达不到二级甲等的学生不能办理幼儿教师资格证,这意味着不能上岗。截至2012 年 3 月,2010 级三年制幼儿教育共 458 人,普通话过二级甲等的有 268 人,占总人数的58.52%,而藏区"9+3"学生共 88 人参加测试,过二级甲等的只有 12 人,占 13.61%。由此可见差异巨大,如果不进行课程改革和教学改革,藏区"9+3"学生的普通话水平很难上一个新的台阶。

(5)课程设置与××州公务员考试、事业单位公招考试和幼儿教师招考矛盾突出

我们关注藏区"9+3"学生知识的学习、技能的培养,关注学生的终身发展,但学生、家长、学校以及上级领导更关注的是就业。2011 年××州幼儿教师招考笔试科目为《教育学》、《教育心理学》、《藏语》、《幼儿教育专业理论知识与技能》,面试科目为说课,2012 年××州藏区"9+3"公招考试为《综合知识》。从前瞻的角度来看,必须主动进行课程改革,及时应对××州幼儿教师招考及藏区乡镇机关和事业单位公招考试,以利解决学生的出路问题。

2. 混班教学增加了培养难度

2010 级、2011 级三年制幼儿教育专业各 6 个班,"9+3"学生分解到各个班,共 12 个班,采用混班教学。

2010 年 9 月第一批藏区"9+3"学生入校,采用混班教学方式,课程方案沿用原有的课程方案,而这一课程方案主要是针对内地学生的实际和沿海城市、成都、重庆等地的幼儿园对幼儿教师的需求来制定的,没有考虑藏区幼儿园对幼儿教师的特殊需要。通过两年的实践,在这一课程方案中,文化基础课及其要求对藏区"9+3"学生来说有些高,学生学习难度大。由于采用混班教学,因此不能很好地照顾藏区"9+3"学生的差异性。而最受学生喜欢又能增强学生教育本领的活动课程及实践改进项目、体现藏区特色的教育内容比例太少。因此,现行幼儿教育专业实施的课程方案对藏区"9+3"学生来说,其学科设置、课时安排、教学活动模式、学业评价等诸多方面存在问题,必须进行改革。

3. 藏区政府为"9+3"学生就业开通绿色通道

藏区"9+3"学生办理教师资格证时普通话水平要求降为二级乙等。为藏区"9+3"毕业生提供公招名额,公办幼儿教师的准入优惠政策等为"9+3"学生就业提供了有利条件,因此课程设置、教学内容、教学方法、评价机制等必须随之发生变化。

(四)改革方案概述:针对拟解决的问题,本改革方案设定的基本主张与措施(在什么样的先进理论、优秀经验认识的支撑下开展改革;准备以什么样的策略、途径、方式、措施展开教育改革活动,对教育现状进行改革干预)(1800字以内)

1. 本改革方案设定的基本主张

(1)针对藏区"9+3"幼儿教育专业学生的特殊性,强调做中学,让学生学习她们感兴趣的、能够学会的、能够适应藏区幼儿教育需要的课程和内容,以培养毕业后回流到藏区从事幼儿教育事业的合格幼儿教师以及机关和事业单位工作人员。

(2)体现课程改革的基本理念:全面发展的课程价值取向;科学与人文整合的课程文化观;回归生活的课程生态观;缔造取向的课程实施观;民主化的课程政策观。

2. 研究设计(策略、途径、方式、措施展开教育改革活动,对教育现状进行改革干涉)

(1)准备阶段(2011年9月—2012年6月)

这一阶段包括搜集资料、选题、论证、撰写研究方案、立项阶段、调研藏区"9+3"幼儿教育及幼儿教师需求。

(2)研究实施阶段(2012年9月—2015年7月)

本阶段主要进行的改革有:

① 普通话。由于学生汉语基础知识差,长期生活在藏区,普通话极不标准,因此在一年级增加识字(语文素养)教学,让学生正确掌握3 500个常用汉字,而且能标准拼读。在二年级上学期继续开设《普通话》课程,为学生参加普通话测试做好充分准备。文件规定藏区"9+3"幼儿教育专业学生普通话未过二级乙等及以上者不能办理幼儿教师资格证。

② 增加藏语课程。由于甘孜州幼儿教师招考绝大多数县都要考试藏语,因此必须开设藏语课程。师资主要是"9+3"住校干部或本校五年制大专藏区藏语比较好的学生来担任本门课程。

③ 对部分学生学习困难的课程进行调整。《数学》由原来的每周4课时,开设2年,调整为每周2课时,开设1年,主要学习数学常识(小学和初中内容),为后面学习《计算教法》做准备。《历史》、《地理》由原来的每周2课时,开设1年,调整为每周1课时,开设1年。《物理》、《化学》调整为《自然科学》,每周2课时,开设1年等。

④ 增加学生感兴趣的,学得懂的,"做中学"的特色活动课程,如藏区特色音乐活动课程(藏区学生合唱团等)、藏区特色舞蹈活动课程(藏舞编排与表演等)、藏区特色美术活动课程(藏区幼儿园环境创设、唐卡制作、编织等)、礼仪与化妆活动课程等。

⑤ 增加××州公务员考试、事业单位公招考试和幼儿教师招考课程。藏区"9+3"幼儿教育专业学生最大的问题是回流藏区,服务家乡教育事业。但现实是"逢进必考",因此在课

程设置中必须增加公务员考试、事业单位公招考试和幼儿教师招考课程。

一年级上学期开设《教育学基础》，每周2课时；一年级下学期开设《教育心理学》，每周2课时；二年级下学期和三年级上学期开设《幼儿教师招考》、《公共基础知识》，每周1课时，主要是帮助学生系统复习，积极迎考。

⑥ 调整时间，改进项目时间。让学生分别在一年级下学期、二年级下学期和三年级上学期到幼儿园见习。第六学期为顶岗实习。学校将组织教师到学生实习的藏区幼儿园进行指导。

同以上课程改革同步进行的是各学科教学内容的调整。要重新制订教学计划，选择教学内容，编写校本教材；教学方式由传统的"注入式"改变为"做中教，做中学"；学业评价改革：知识成绩评定由单一的期末考试调整为平时成绩占20%，半期考试占30%，期末考试占50%；技能考核平时占30%，期末考核占70%，或使用教研组制定的标准，学业成绩评定体现多元评价，既注重学习结果，更注重学习过程。

每学期课程安排见下表。

藏区"9＋3"三年制幼儿教育课程改革实施方案

2012.3

科 目 \ 年级课时	一		二		三		总课时	新增	教材
	1期	2期	3期	4期	5期	6期			
文化基础课（1 241课时，约占总课时的34.71%）政 治		1	1	1	1		68		
阅读写作	3	3	3	3			204		
听话说话			2	2			68		
语文素养			1	1			34	新增	校本教材
幼儿文学				1	3		68		
识字课	1	1					34	新增	校本教材
普通话	2	2	3				85		
藏 语	1	1	1	1	1		85	新增	校本教材
教师口语				2	2		68		
数学常识	2	2					68		校本教材
英 语	3	3	3	3	3		255		
历史常识	1	1					34		校本教材
地理常识	1	1					34		校本教材
自然科学基础	2	2					68		校本教材
生 物			2	2			68		
教育理论课（799课时，约占总课时的22%）心理健康教育	1						17		
幼儿卫生学	4						68		
幼儿心理学		4					68		
幼儿教育学			4				68		

（续表）

科　目 / 课时		一		二		三		总课时	新增	教　材
		1期	2期	3期	4期	5期	6期			
教育理论课（799课时，约占总课时的22%）	教育学	2	2					68	新增	
	教育心理学			4				68	新增	
	招考(教育理论、公共基础)				1	1		34	新增	校本教材
	亲子教育					1		17	新增	校本教材
	语言与社会活动指导				3	4		119		
	艺术教育活动指导				2	3		85		
	计算教法				1	2		51		
	健康教育指导				1	1		34		
	科学活动指导				1	2		51		
	幼儿英语教学法				1	2		51		
专业技能课（1 139课时，约占总课时的31.36%）	音　乐	2	2	2	2	2		170		
	琴　法	2	2	2	2	2		170		
	美　术	2	2	2	2	2		170		
	舞　蹈	3	3	3	3	3		255		
	体　育	2	2	2	2	2		170		
	书　法	1	1					34		
	写　字			1	1	1		51		
	计算机	1	1	1	1	1		85		
	现代教育技术	1	1					34		
藏区特色活动课程（306课时，约占总课时的8.43%）	特色音乐活动课	1	1	1				51	新增	校本教材
	礼　仪	1						17		
	特色舞蹈活动课程	1	1	1				51	新增	校本教材
	幼儿舞创编				1	1		34		
	特色美术活动课程	1	1	1				51	新增	校本教材
	幼儿园环境创设				1	1		34		校本教材
	特色生物(科技教玩具制作)活动课			1	1			34	新增	校本教材
	就业指导				1	1		34		校本教材
实践项目（147课时，约占总课时的4.05%）	幼儿园实践（见习、实习）		3天		3天	3天	17周	147		
	周课时	42	43	43	43	42		3 632		

备注：每周按照6天排课。

（3）结题评审阶段（2015年9—12月）

这一阶段包括整理研究资料、成果总结、撰写研究报告、结题评审。

（五）预期改革效益：在与课题的相关方面，学生发展、教师发展、教育活动方式、体制的变化，以及拟实现的教育改革与发展目标（800字以内）

1. 通过本课题研究，形成独特的、适合藏区"9＋3"学生特点的课程方案，形成系列校本课程和校本教材。

2. 为学生的专业成长奠定基础。如：通过课程改革，增加了《识字》、《语文素养》课，二年级上学期增加了《普通话》课，学生普通话二级甲等和二级乙等的过关率比2010级、2011级藏区"9＋3"学生有显著提高。学生的专业技能得到提升，特别是游戏活动的组织能力、说课能力、实践改进项目等方面有显著进步。学生具备基本的教育学、教育心理学、幼儿教育专业理论知识等。

3. 教师的教育观念得到改变，教育教学行为得到改善。通过本课题研究，所有参研教师实践新课程理念，理解和接受藏区"9＋3"幼儿教育专业学生的培养目标是回流藏区，成为藏区合格的幼儿教师。教师在教学过程中根据藏区"9＋3"学生的心理特点，自觉实施"做中教，做中学"，改变传统的注入式、填鸭式教学模式和教学方法，实现教育教学活动方式的大跨越，使教师队伍的专业化水平得到提高。

4. 探索出适应甘孜州公务员考试、事业单位公招考试和幼儿教师招考的课程体系及教学内容。

5. 本课题研究成果为同类学校提供理论和实践经验的借鉴。

6. 最大限度地解决我校藏区"9＋3"毕业学生回流藏区的工作问题。

五、完成课题的条件和保证

完成本课题的研究能力和时间保证（限定在200字内）

学校领导对教育科研十分重视，以"科研兴校"为办学理念。我校先后承担过省、市、县级立项科研课题，研究成果分获省政府教学成果二等奖，市政府教学成果二、三等奖等。2010年我校被授予全国教育科研先进集体荣誉称号。对正在进行的国家、市、县级立项课题研究，学校又投入了大量人力、物力和财力，保证了课题研究的顺利进行，并取得了阶段性研究成果。2010年《藏区"9＋3"学生感恩教育实践与研究》被确立为市级立项科研课题，学校支持将本课题申报为省级立项科研课题。

本课题研究的主要研究人员中已有2名教育硕士，有能力、有可能完成本课题的研究工作。学校以规范化、制度化的方式来管理课题研究，并为教科室配备了6名兼职工作人员，从而保证了本课题研究的顺利进行。

为了保证本课题的开展，学校派出了多批次教师参加藏区"9＋3"研讨会，为课题选题、立项奠定了理论基础。本课题研究的前期成果《藏区"9＋3"学生融合教育》发表在《当代教育教学》2011年第5期上，40多位教师撰写了关于藏区"9＋3"学生教育教学经验论文。

学校图书馆拥有一定藏量的图书，科研经费充足，保证本课题研究的师资培训、资料购置、奖励经费等。

六、研究计划

研　究　计　划　（1）		
序　号	围绕哪些问题查找哪些 重要的文献资料(限 5—10 项)	资料来源及 索取方式
1	《××省教科所"9＋3"教育教学研究通讯》2010 年第 1 期·总第四期	文献查阅
2	《××省"9＋3"教育教学研究工作简报》2011 年第 7 期·总第二十三期	文献查阅
3	以研究引领"9＋3"学校学前教育专业发展,以行动推进"9＋3"免费教育计划长效机制建设——省教科所召开"9＋3"学校学前教育专业研讨会(二〇一一年六月八日)	文献查阅
4	加德纳《多元智能新视野》	文献查阅
5	2012 年××省中职教育科研成果交流会	现场学习
6	《基础教育课程改革纲要》	文献查阅

研　究　计　划　（2）
教改实验的实施范围及布点,或调查研究范围及样本选择。
××幼师 2010 级藏区"9＋3"学生 88 名,2011 级藏区"9＋3"学生 98 名,2012 级藏区"9＋3"13、14 班 100 名学生;2013 级藏区"9＋3"13、14 班 100 名学生。各年级藏区"9＋3"学生均为女生。

研　究　计　划　（3）		
序　号	主要研究阶段	本阶段拟解决的问题及成果形式
1	前期研究阶段 (2010.9—2011.12)	为前期研究阶段。
2	立项准备阶段 (2012.3—6)	为查阅资料、课题论证、制订方案、师资培训、确定子课题申报立项阶段。
3	课题实施研究阶段 (2012.9—2015.7)	本阶段按照 6 个学期展开研究,拟解决:(1)新课程方案设计问题;(2)普通话测试问题;(3)专业技能提高问题;(4)就业准备问题,也就是毕业后参加甘孜州幼儿教师招考问题;(5)转变教育观念,突破原有课程的束缚,实施"做中教,做中学"。子课题是《利用活动课程培养藏区"9＋3"学生良好品德和行为习惯研究》。成果形式为论文、阶段性研究报告、新课程方案、校本教材、学生活动作品等。
4	成果总结阶段 (2015.9—12)	数据统计与分析,研究报告的撰写、结题评审。
最终成果及形式		
研究报告		

研　究　计　划　（4）		
序　号	调研、测查项目及学术活动	规划时间
1	以研究引领"9＋3"学校学前教育专业发展,以行动推进"9＋3"免费教育计划长效机制建设——省教科所召开"9＋3"学校学前教育专业研讨会	2011 年 12 月
2	《以能力为本位　以技能为核心　以爱心教育为根本,大力提高学前教育专业"9＋3"学生的综合素养》(××省××县职业高级中学)	2012 年 3 月

（续表）

序　号	调研、测查项目及学术活动	规划时间
3	对 2011 级、2012 级 2011—2012 学年度上学期藏区"9＋3"学生各学科考试成绩、普通话过关率进行对比分析	2012 年 3 月
4	课题组主要研究人员及部分专业课教师到甘孜州幼儿园调研藏区幼儿教师的需求	2014 年 6 月
5	对研究对象各科考试成绩及普通话测试过关率进行对比分析	2014 年 9 月
6	对研究对象进行课程改革效果的主观问卷调查	2014 年 9 月
7	对研究对象参加××州幼儿教师招考情况进行调查	2014 年 7 月调查 2011 级藏区"9＋3"毕业生招考情况 2015 年 7 月调查 2012 级藏区"9＋3"毕业生招考情况

七、专家推荐意见

　　不具有相应职称者担任课题负责人,必须由 1 名具有正高级职称或者 2 名具有副高级职称的同行专家推荐;推荐专家须如实介绍课题负责人的科研态度、专业水平、科研能力和科研条件,说明该课题的可操作性。

推荐人姓名　　　　　　专业职称　　　　　　研究专长
工作单位　　　　　　　推荐人签章(须本人亲笔签名或本人印章)

推荐人姓名　　　　　　专业职称　　　　　　研究专长
工作单位　　　　　　　推荐人签章(须本人亲笔签名或本人印章)

八、研究经费

研　究　经　费　预　算				
总　　额	2012 年	2013 年	2014 年	2015 年
70 000 元	10 000 元	20 000 元	20 000 元	20 000 元

经费管理单位名称:××省××县财政局
开户银行:工行××县支行
银行账号:××××××××××××××8054
财务联系电话:

　　　　　　　　　　　　　　　　　财务管理单位公章
　　　　　　　　　　　　　　　　　负责人签章
　　　　　　　　　　　　　　　　　2012 年 4 月 8 日

自筹经费来源数额	在学校科研经费中支出 70 000 元。

九、课题负责人所在单位意见

本单位完全了解××省教育科学规划领导小组办公室的有关管理规定,完全意识到本声明的法律后果由本单位承担。保证课题负责人之申请书所填写的内容完全属实,课题负责人和主要研究人员的政治素质和业务能力适合承担该课题的研究工作;本单位能够提供完成课题所需的时间和条件;本单位同意承担课题的管理职责和信誉保证。

公　　　章:

负责人签章:

年　　月　　日

十、课题负责人所属教育科研部门、教育行政部门意见

由市(州)教科所负责人撰写推荐意见, 报请市(州)教育局审核推荐

市(州)教育局签章:　　　　　　　　　　　　　　　　　　负责人签章:

年　　月　　日

十一、立项审查意见

立 项 审 查 意 见

审查主持人签字　　　年 月 日　　　审查组织单位(章)

批准立项后的分级共同管理				
序　号		管理人(签字)	年	月	日
1	××省教科所				
2	××市教科所				
3	××县教育局教研室				
4	××幼儿师范学校				
管理单位 签章处					

填表说明

1. 本表请用钢笔认真填写(可以电脑打印),书写要清晰、工整。

2. 本表报送一式4份,其中1份原件,3份复印件。

3. 每个课题限报负责人一名,课题负责人应是第一主要参加研究者,一般应具有高级以上专业技术职务。

4. 填写中如栏目篇幅不够,可自行添页。

【案例分析】

　　此案例为××省教育科研资助金项目课题申请·评审书,填写时分为若干部分。第一部分是登录,主要填写课题的基本信息。第二部分是以列表形式填写负责人和课题组成员近期取得的与本课题有关的研究成果。第三部分是填写负责人和课题组成员近期取得的与本课题有关的研究成果。第四部分是填写课题设计论证,具体内容包括:① 本研究的意义:目的、教育改革价值(300 字以内);② 相关研究述评:省内及国内教育改革领域内的研究现状、本研究的创新点(700 字以内);③ 拟研究的问题:相关教育现状(问题情景)、拟实施的教育改革任务与教育现状间的差距或矛盾、由此形成的基本问题(1 200 字以内);④ 改革方案概述:针对拟解决的问题,本改革方案设定的基本主张与措施(在什么样的先进理论、优秀经验认识的支撑下开展改革;准备以什么样的策略、途径、方式、措施展开教育改革活动,对教育现状进行改革干涉)(1 800 字以内);⑤ 预期改革效益:在与课题的相关方面,学生发展、教师发展、教育活动方式、体制的变化,以及拟实现的教育改革与发展目标(800 字以内)。在课题设计论证中重点是拟研究的问题、改革方案概述。第五部分是完成课题的条件和保证,主要分析完成本课题的研究能力和时间保证以及设备设施、经费保障等方面的情况。第六部分是研究计划,它又分为四个部分。"研究计划一"涉及围绕哪些问题查找哪些重要的文献资料,"研究计划二"涉及教改实验的实施范围及布点,或调查研究范围及样本选择,"研究计划三"涉及主要研究阶段及各阶段拟解决的问题及成果形式,"研究计划四"涉及调研、测查项目、学术活动规划及时间安排。第七部分为专家推荐意见。第八部分为研究经费。第九部分为课题负责人所在单位意见。第十部分为课题负责人所属教育科研部门、教育行政部门意见,由市(州)教科所负责人撰写推荐意见,报请市(州)教育局审核推荐。第十一部分为立项审查意见。在撰写教育科研资助金项目课题申请·评审书时,重点是第三、四、五、六部分,需要课题组成员发挥集体智慧来共同完成。

二、开题的策略

1. 做好开题前的准备工作

(1) 准备足够分量的研究报告、开题报告、联合承担课题研究的协议等。

(2) 确定会议主持人、开题报告发言人、会议记录人以及会议进程。

(3) 确定参会的部门人员、地点,做好会务接待工作。

2. 召开开题论证会

(1) 开题论证会一般由教育行政部门领导、专家、课题组成员及课题所在学校有关领导等参加。

（2）课题负责人代表课题组作开题报告。报告课题形式、指导思想、人员分工、研究方法、实施步骤、预期效果、经费安排等事项；然后由专家、来宾、课题组成员讨论，对研究方案提出修订及补充意见，最后协商统一，形成完整方案，并印发会议纪要。

（3）修订研究方案。根据开题论证会意见，对原有方案进行补充完善。

（4）联合课题研究可同时签订联合研究议定书。

【典型案例】

××省教育科研"十五"规划立项课题

《基础教育新师资教育科研能力培养研究》
开 题 报 告

××省××幼儿师范学校课题组

××省教育科研"十五"规划立项课题——利用研究性学习促进基础教育新师资教育科研素质发展研究，于 2002 年 11 月由××省教育科学规划领导小组正式批准。经过 3 个月的筹备工作，今天正式开题了，我受课题组委托代表本课题组向各位专家及课题组全体成员做开题报告。

一、本课题的提出及其重要意义

当代科技发展和社会发展对人才素质提出了新的、更高的要求，这对教育提出了新的挑战，而知识经济的到来呼唤人才必须具备搜集和处理信息的能力、发现和创造思维能力、发明创造能力、操作和组织管理能力、经营、协作与交往能力。而原来的传统教育则以教育者为中心，以灌输和控制为指导思想，以培养服从型人才为宗旨，因此，传统的应试教育已很难适应培养具有综合能力的新型人才的需要，原有的课程已很难适应现代教育的需要，所以国家开始了新一轮课程改革。新一轮课程改革具有以下几个特点：一是强调创新；二是改变人才培养模式，改变学生学习与教师的教学方式；三是课程内容加强了对学生的生活实际、学习经验、社会现实的反映；四是突出了"以人为本"的新的教育理念，改变了课程设置的基本方式；五是总体上课程的多样性、灵活性、弹性得到了加强。新一轮课程改革构建了两类课程互补的课程体系，增设了综合实践活动为活动必修课程。综合实践活动作为一门新的课程在义务教育课程设置中占九年总课时的 10%—12%。综合实践活动在高中阶段以研究性学习的课程方式进行。要开展好综合实践活动，开展好研究性学习最关键的是师资问题。我校作为全省试办五年一贯制大专班，培养高层次幼儿园、小学教师的幼儿师范学校，不仅要探索研究性学习的开展，而且还肩负着培养将来组织开展综合实践活动课程的新师资的重任，因此，我校开设研究性学习课程远比一般学校开设研究性学习课程更具有理论价值和实际意义。根据国家教委基础教育课程改革纲要，从小学至高中阶段开设综合实践活动课程，其中高中阶段可设研究性学习课程。我校作为培养基础教育师资的中等师范学校，课程设置与普通中学有很大的差异。通过一年的全校性探索，我校初步探索出一条适合在基础教育师资培养中开设研究性学习课程的新途径，但同时发现研究性学习的开展对学生的教育科研素质发展有着十分重要的影响。学生的教育科研素质是指"学生未来教育科研发展的主体可能性"，亦即"教育科研发展潜力"或"教育科研发展潜能"，是学生教育科研主体现实性中反映未来发展可能性的部分。本课题研究就是要试图通过研究性学习的开展来让学生树立教育科研的意识,掌握教育科研的基础知识,发展教育科研能力,从而促使学生教育科研素质从潜在性和可能性向现实性转化。为此,课题组又提出了这一在全国同类学校中处于领先地位,具有前瞻性、理论价值和实践价值的研究课题。本课题研究不仅具有较强的政策依据、现实的事实依据,而且有较高的心理学、教育学、教育科学研究理论作为支撑,从而能保证本课题研究的科学性和可操作性。

二、课题的论证

(一)政策依据

1. 实施素质教育和创新教育的需要

1999 年 6 月,党中央国务院召开了第三次全国教育工作会议,江泽民同志在会议讲话中指出:"今天,面对世界科技飞速发展的挑战,我们必须把增强民族创新能力提高到关系中华民族兴衰存亡的高度来认识。教育在培育民族创新精神和培养创造性人才方面肩负着特殊的使命。"中共中央国务院作出了《关于深化教育改革全面推进素质教育的决定》(以下简称《决定》)。《决定》指出:"实施素质教育,应以培养学生的创新精神和实践能力为重点。"这为实施素质教育和创新教育指明了方向,也加速了新一轮课程改革的步伐。

2. 新一轮课程改革的要求

目前国家教委已确定了新一轮基础教育课程设置试验方案。新一轮课程改革要实现的六大目标是:一是改变课程注重知识传授的倾向,强调形成积极主动的学习态度,使获得基础知识以及能力的过程同时成为学生学会学习和形成正确价值观的过程;二是改变课程结构过于强调学科本位、科目过多和缺乏整合的现状,整体设置九年一贯课程并设置综合实践活动课程,以适应不同地区学生发展的要求,体现学科的综合性、均衡性和选择性;三是改变课程难、烦、偏、旧和过于注重书本知识的现状,加强课程内容与学生生活及现代科技的联系,关注学生的学习兴趣和经验,精选终生学习必备的基础知识和能力;四是改变课程实施过于强调接受学习,死记硬背,机械训练的现状,倡导学生主动参与,乐于探索,勤于动手,培养学生搜集和处理信息的能力,获取新知识,分析和解决问题的能力以及合作与交流的能力;五是改变课程评价过分强调甄别与选拔的功能,发挥评价,促进学生发展,教师提高和改进教学实践的功能;六是改变课程管理过于集中的状况,实行国家、地方、学校三级课程管理,增强课程对地方、学校的适应性。因此,从小学至高中设置综合实践活动课程,其内容主要包括研究性学习、社区服务、社会实践以及劳动与技术教育。高中阶段的综合实践活动课程以研究性学习进入课程并开始实施。我校相当于高中阶段的教育,也必须开设研究性学习课程。

3. 实施综合实践活动课程的关键是基础教育师资的培养

通过开设研究性学习课程,可以培养学生的创新精神;增强学生的主体意识、实践意识、合作意识;培养学生的观察能力、思维能力、操作能力、表达能力、协作能力;帮助学生转变教育观念,教会学生学会综合实践活动的设计,提高学生的研究性学习能力,不断更新和完善他们的知识结构,使他们具备实践能力,具备教育科研能力,为将来担负起实施基础教育的综合实践活动课程或研究性学习课程的重任奠定坚实的基础。

4. 基础教育教师专业化成长的迫切需要

教师的专业化是指教师在整个专业生涯中通过终生专业练习,习得教育专业知识技能,实施专业自主,表现专业道德,并逐步提高自身从教素质,成为一个良好的教育专业工作者的专业成长过程。目前,我国正在实施科教兴国战略,深化教育改革,全面推进素质教育,这对从事基础教育的教师提出了新的更高的要求。而部分基础教育教师职业道德意识淡漠,广大教师中教育观念陈旧落后,创新意识和教育科研能力不强,教学方法和手段落后,知识面狭窄等都是不能忽视的重要问题。随着知识经济的到来,知识更新的速度越来越快,新的教育理念、新的课程、新的教学模式、新的教学方法、新的教育技术等不断涌现。教师如果不加强学习、加强研究,努力提高自身的教育科研素质,很快就会落后于时代,落后于现代教育的发展,最终自身的素质将不能很好地适应教育发展的要求,这将会严重影响教育教学质量的提高,进而影响到整个中华民族素质的提高。随着素质教育的不断深化,新一轮课程改革的实施,特别是综合实践活动的广泛开展,对从事基础教育的教师的职业素养的要求越来越高,教师的专业成长——教育科研能力的培养就显得越来越迫切。

(二)理论依据

1. 心理学理论依据

(1)本课题研究符合学生的年龄特征。

青年学生思维活跃,好奇、好探索,具有丰富的想象力和创造力,喜欢动手动脑,渴望获得成功。因此,本课题研究正符合学生的心理特点,易为学生所理解和接受,很能促进学生教育科研素质的发展。

(2)人的任何一种有意识的活动都具有一定的活动动机。

学生的活动也不例外,它总是在一定的动机支配下进行的。学生的学习动机就其心理成分来说,主要是学生在学习上的自觉性和认识兴趣或求知欲,它表现为学习的愿望、兴趣等。其中,兴趣是学习动机中最现实、最活跃的成分,是学习最佳的营养剂和动力源,学习动机只有伴随着学习兴趣才能持久。因此,学生的科研兴趣也直接影响其教育科研素质的提高。研究性学习的最大特点就是让学生从自己的兴趣出发来选择课题进行探究,这符合学生的认知发展规律。

(3)人是在与周围环境不断的接触中去反映客观事物,改造客观世界的。

人只有通过实践活动才能提高认识能力,丰富情感体验,磨炼意志和养成良好的性格。人参加的实践活动越丰富,心理越能得到发展。在全面推进素质教育,努力提高学生综合素质,促进其身心和谐发展的今天,开设以学生为主体,让学生在主动参与的探究活动中去获得全方位发展的研究性学习课程,是与学生成长规律相一致的,让学生边研究边成长是切实可行的。在第一阶段对学生研究性学习课题的指导过程中,课题组发现学生的研究意识和研究能力在不断提高。根据维果茨基的"最近发展区理论",课题组相信通过继续开展研究性学习,学生的教育科研素质一定会得到很大提高,会达到预期研究目标。

2. 教育学理论依据

(1)教育在学生的教育科研素质发展中起着主导作用。

学生的教育科研素质是先天遗传性和后天习得性的辩证统一。先天的遗传素质为学生教育科研素质的发展提供了可能性;环境是条件,它为学生教育科研素质的发展提供了机会。而实践中对基础教育师资所提出的发展需求与学生现有的发展水平之间的矛盾是学生教育科研素质发展的动力。教育则在学生的教育科研素质发展中起着主导作用。

(2) 本课题研究符合师范教育的师范性特点。

学生自从进入师范学校以后,就逐步有了专业意识,明确自己将来所从事的职业。到了高年级,学生的专业思想已经比较巩固,学生更加重视自己的教育科研素质的发展。因此,在研究性学习课题研究中绝大部分学生选择的课题都与教育有关,与自己所学的专业有关。而本课题研究则正好为学生提供了促进他们教育科研素质发展的契机,从而使学生教育科研素质加快发展。

(3) 本课题研究符合教育的主体性原则。

在《基础教育课程改革与发展纲要》精神的引导下,师生必须转变教育观念。在研究性学习中,教师是参与者、组织者、服务者、促进者和共同进步者,学生是活动的"主人"。通过研究性学习让学生去体会、领悟、感知,充分发挥学生的主观能动性,让学生从"学会"到"会学",即会学习、会研究,从而促进自身教育科研素质的发展。

(4) 本课题研究符合教育的实践性原则。

一切理论只有付诸实践才有生命力。要转变学生的学习观念,要培养学生的教育科研素质,只有放手让学生去实践,在研究性学习的大课堂中去锻炼,才能获得教育科研的基础知识,同时促进自身教育科研素质的提高。

(5) 本课题研究符合教育的全面(员)性原则。

研究性学习强调教师全员参与,全员指导,学生全体参加,人人参与;强调师生互动,教学相长。通过研究性学习课程的开设,全体师生参与学生的课题研究与指导,这样给学生营造了一个良好的、具有浓厚教育科研特点,人人好学的氛围,让所有的学生在研究性学习的氛围中茁壮成长,教师在研究性学习的指导中自身的教育科研素质也能得到提高。

(三) 事实依据

1. 学校领导对教育科研的高度重视

学校领导对教育科研十分重视,以"科研兴校"为办学理念,对教育科研常抓不懈。自1996年以来,我校先后承担过省、市、县级立项科研课题,在已结题的各级课题研究中取得了丰硕成果,研究成果分获省政府一等奖、三等奖、市政府一等奖等。2001年我校被确定为市教改科研示范学校,校长被评为市科研型校长。在正在进行的两个市、县级立项课题研究中,学校又投入了大量人力、物力和财力,保证了课题研究的顺利进行,并取得了阶段性研究成果。在2001—2002学年度工作计划中,学校将教改和科研工作放在了重要的位置,对教改科研工作提出了明确的目标、任务,制定出了实现目标任务的具体措施,确定了15个校级立项科研课题,其中对《开设研究性学习课程,促进基础教育新师资教育科研素质发展研究》课题,学校尤为重视,并给予了最大限度的支持。在学校领导的重视下,本课题研究一定会顺利进行。

2. 我校具有教育科研的优良传统和较好的教育科研基础

我校先后承担过省、市、县级的立项课题研究,有较好的教育科研基础和较雄厚的科研实力。到目前为止,我校已有3名教育专业的教师即将从研究生课程进修班结业,完全有能力完成本课题的研究工作。

3. 以制度为保障

我校先后建立和完善了立项课题管理条例,科研成果奖励制度,以规范化、固定化、制度化的方式来管理课题研究,从而保证了本课题研究的顺利进行。

4. 培养了指导研究性学习课程的师资,提高了指导教师的教育科研能力

2001年7月,校长及两位教师参加了在成都举行的综合实践活动课程理论学习,学校又派出了一位教师到南京参加全国中、幼师综合实践活动课程师资培训班学习,学校还派出了三位教育专业的教师参加了研究生课程进修班学习,使他们掌握了研究性学习课程的基本理论,具备了指导教师、学生进行研究性学习的基本能力。2001年9月以来,课题组组织全校教师进行了多次研究性学习和理论学习,并对全校22个班的班长、学习委员及全体学生进行了多次研究性学习的理论培训,这为我校开展研究性学习课程奠定了理论基础。按照学校的总体规划,在今后3年时间内学校将每学期安排一定时间对教师进行教育科研理论培训及研究性学习理论培训,并在2001年7月—2002年7月,确立了幼儿园教育活动指导研究性学习探索、幼儿教育学、心理学研究性学习探索、幼儿卫生学研究性学习探索、中师物理研究性学习探索、中师化学研究性学习探索、中师美术研究性学习探索6个子课题组,使参与培训的教师能在课题组的指导下进行子课题研究,从而提高他们的教育科研理论学习能力,促使他们将自己的教育科研理论知识转变为实际的研究性学习指导能力。开展了《教师专业成长——教师教育科研能力培养"三力"模式研究》,努力提高教师的教育科研能力,为本课题研究的顺利进行做好了师资准备。

5. 改革现有课程设置,继续开设研究性学习课程

经学校研究决定,从2001年9月至2002年6月,每周星期一下午第三节,星期六下午第一、二节为研究性学习课程的专门时间;2002年9月至2003年6月,2000级5个大专班有每周2课时的《研究性学习与教育科研基础知识》,晚自习1节研究性学习指导时间,星期六下午1节学生课题组研究时间纳入学校课程表及学校的整体安排。教师利用这些时间以及一部分课堂时间对学生的研究性学习进行指导,这样保证本课题研究的正常进行。

6. 研究成果的深化

通过上一年的全校性探索,我们获得了许多理论成果和操作技术成果,这为本课题研究提供许多宝贵的经验,奠定了良好的基础。本课题的前期研究成果《在基础教育师资培养中开设研究性学习的探索》发表在《××师范大学学报》2001年增刊上,第一阶段的研究成果参加全国研究性学习征文比赛获二等奖,并被收录入《全国百家名校谈综合实践活动与研究性学习文集》中。可以说,本课题研究是上一研究阶段的进一步深化和提高。

三、课题研究的理念

本课题研究的理念是:"全体参与,师生互动,从做中学,在做中获得发展。"

四、课题研究的主要内容和主要方法

本课题研究的主要内容是:根据中等师范学校的培养目标,让研究性学习真正地以一门课程的形式进入课堂,结合师范院校的师范性特点,研究研究性学习与教育科研的课程整合关系,体现课程的综合性,使学生的研究性学习同教育科学研究结合起来,让学生在研究性学习过程中

树立教育科研意识,掌握基本的教育科学研究理论知识,培养基本的教育科研能力,从而促使学生教育科研素质从潜在性和可能性向现实性转化,为他们将来承担起小学、幼儿园的综合实践活动课程和教育科学研究的重任奠定坚实的基础。

本课题研究的基本方法是:(1)调查研究和理论联系实际的方法;(2)研究工作、行政领导和教师三结合的方法;(3)自然实验研究的方法。

五、课题研究目标

(1)通过本课题研究,培养学生的创新精神;培养学生的主体意识、实践意识、合作意识;培养学生的观察能力、思维能力、操作能力、表达能力和协作能力。

(2)通过本课题研究,使学生树立教育科研的意识,掌握基本的教育科研理论知识,提高教育科研的基本能力,促使学生的"教育科研发展潜力"或"教育科研发展潜能"由潜在性和可能性向现实性转化。

(3)通过本课题研究,探索出利用研究性学习促进学生教育科研素质发展的课程设置标准、管理模式、实施途径、指导模式、评价原则等。

(4)通过本课题研究,转变教师的教育理念,提高教师的教育科研理论学习能力,组织指导研究性学习活动的能力,研究性学习活动方案的设计能力、评价能力,使教师不断更新和完善自己的知识和能力结构。

(5)编写出适合我校学生的《教育科研立项课题的研究策略与案例》校本教材或教学参考书,建立本课题研究的典型案例库。

六、预期的教育改革效益

(1)由于本课题研究能使学生掌握教育科学研究的基础知识,培养学生教育科研的基本技能,因此,本课题研究作为我校提高教育质量和学生质量的一个新的增长点,使我校的毕业生在竞争日益激烈的就业形势下更具竞争力,更能满足小学、幼儿园对于高素质科研人员的迫切需要。

(2)课题组编写的《教育科研立项课题的研究策略与案例》校本教材不仅能填补本门课程教材或教学参考书的空白,而且可以普遍地运用到今后的教学中去,在很长一段时间内可作为过渡教材使用,成为学生进行研究性学习活动和模拟课题研究的指南。

(3)本课题研究的一些成果还可以为同类学校和普通高中研究性学习的开展提供有益的借鉴,也会为我国的研究性学习课程的开展和基础教育师资培养的培养作出应有的贡献。

七、完成课题的条件和保证

本课题研究得到了学校领导的高度重视。学校领导对教育科研十分重视,以"科研兴校"为办学理念,对教育科研常抓不懈。学校支持将该课题申报为省级立项科研课题。在学校领导的重视下,本课题研究一定会顺利进行的。

我校具有教育科研的优良传统和较好的教育科研基础,这为本课题的开展奠定了基础。我校先后承担过省、市、县级的立项课题研究,有较好的教育科研基础和较雄厚的科研实力。到目前为止,本课题研究的主要研究人员中已有两名教育专业的教师从研究生课程进修班结业,他们完全有能力、有可能完成本课题的研究工作。

本课题的开展还以制度为保障。我校先后建立和完善了立项课题管理条例、科研成果奖励制度,以规范化、固定化、制度化的方式来管理课题研究,并为教科室配备了6名兼职工作人员,从而保证了本课题研究的顺利进行。

为了保证本课题的开展,学校培训了指导研究性学习课程的师资,使他们掌握研究性学习课程的基本理论,具备指导学生进行研究性学习的基本能力。

改革现有课程设置,增设研究性学习课程。经学校研究决定,从2001年9月起,每周星期一下午第三节,星期六下午第一、二节为研究性学习课程的专门时间,纳入学校课表及学校的整体安排。2002年9月后,2000级5个五年一贯制大专班每周安排2节《研究性学习与教育科研基础知识》课,晚自习1节指导时间,星期六下午1节研究时间。教师利用这些时间以及一部分课外时间对学生的研究性学习进行指导,这样保证了我校研究性学习课程的正常进行。

为了配合本课题的开展,学校制定了专门的教育科研理论、研究性学习理论学习时间及子课题研究时间。按照学校的总体规划,在今后3年时间内(2001—2003年)学校将每学期安排一定时间对教师进行教育科研理论培训及研究性学习理论培训,为本课题研究做好师资准备。

学校图书馆拥有一定藏量的图书,定期向学生开放,并购置了有关研究性学习的书籍。学校有充足科研经费,保证本课题研究的师资培训、资料购置、奖励经费等。在本课题研究中不仅有定性的分析,而且还要运用统计分析方法进行定量分析,保证课题研究的结果真实有效、科学严谨。

八、研究步骤

第一阶段(2001年9月—2002年12月),全校性探索阶段

1. 2001年3月—2001年8月　研究准备阶段

这一阶段为查阅资料、课题论证、制订方案、师资培训阶段

2. 2001年9月—2002年7月　研究阶段

(1) 2001年9月—2002年2月(2001—2002学年度上学期)

① 2001.9　师生准备阶段

② 2001.10—2001.11　学生选题论证阶段

③ 2001.12—2002.2　学生课题开题评审阶段

(2) 2002年3月—2002年6月(2001—2002学年度下学期)

① 2002.3—2002.5　学生课题研究实施阶段

② 2002.6—2002.7　学生研究成果展示、答辩、报告会、成绩评定、结题阶段

3. 2002年9月—2002年12月　阶段总结阶段

第二阶段(2002年9月—2003年9月),2000级5个五年一贯制大专班利用研究性学习促进基础教育新师资教育科研素质发展研究阶段

1. 2002年6—8月　学生选题、搜集资料、暑假研究阶段

2. 2002年9月—2002年10月　学生课题立项、制定研究方案阶段

3. 2002年11月—2003年5月　学生课题研究及教师指导阶段

4. 2003年6月　学生课题结题评审、成绩评定阶段

第三阶段(2003年9月—2005年7月) 重复第二阶段研究阶段的内容

第四阶段(2005年7—12月) 省级立项结题评审阶段

九、成果形式

最终成果形式为研究报告或结题报告。

以上报告敬请各位专家及课题组成员研究讨论。

课题组

2003.3

【案例分析】

　　开题报告应以研究方案为基础,主要报告课题的提出及其重要意义、课题的论证包括政策依据、理论依据和实践依据、课题研究的理念、课题研究的主要内容和主要方法、课题研究目标、完成课题的条件和保证、研究步骤、成果形式等方面的内容,目的是在开题论证会上请各位领导、专家进行指导,提出建议或意见,使研究方案更加完善、更加科学,取得更好的研究成效。

【思考与练习】

1. 立项需要提供哪些材料?

2. 开题的策略是怎样的?

【实践活动】

学生以课题组为单位,撰写模拟课题立项申请书和开题报告。

参考文献

[1] 四川省教育科研资助金项目课题申请·评审书。

第五章

教育科研管理

【理论导航】

一、什么是管理

对管理的界定多种多样，归纳起来主要有以下几种界定。

（1）管理是指管理者遵照一定的原则，使用各种管理手段，通过组织、指挥、协调各个受分工制约的不同个人的活动，创造出一种远比个人活动总和要大的集体力量或社会力量，从而高效率地达到一个组织的预定目标所进行的各种一般职能活动。

（2）管理是社会组织的职能，通过管理——组织、指挥、协调、控制，确保组织成员的行动有统一的方向和步骤，分工协作，最终达到共同的目标。

（3）管理就是为了实现预定目标而合理组织和充分利用各种物质资源（包括人力资源）等的过程。

二、管理内容的构成要素

贯穿于上述管理内容中的所有客体，就是管理的要素。我们把这些要素提取出来并加以概括，主要有人、财、物、事、时空、信息、手段等。

"人"，包括管理者和被管理者。教职员既是管理对象，也是管理者。任何管理都是通过人去指挥、协调、控制和监督，并同时实施对人的管理。

"财"，指资金。要把有限的资金合理使用，用在最重要并能最大限度地提高效益的地方，使财尽其用，保障管理机制运转。

"物"，指教学设施、仪器等物质条件。对物的管理包括选择购置、科学保管、恰当运用、节约维护等，使物尽其用，充分发挥物质基础的效能。

"事"，指育人活动和管理工作。对事的管理，如贯彻国家的法规、方针、政策和地方教育行政部门的指令；建立常规制度，协调人际关系，控制管理活动过程；提高育人工作质量，开展工作评价，等等。

"时空"，指时间、空间。时间、空间分别指管理活动的持续性和广延性，强调要充分利用时间、空间。一切事物都是在时空中运动，时空是运动着的管理形态的存在形式。管理者应抓住时机，珍惜时间，充分利用空间的多维立体特点，力求在有限的时空内获得最大的效益，创造出更多的价值。

"信息"，包括内部教育管理信息和外部大环境信息及其沟通、处理、运用与贮存等。它和时空一样是一切活动不可缺少的特殊资源。应尽量使信息流通及时、迅速、准确并有针对性，以便更好地为决策、计划和调控服务。

"手段"，主要指工具、方法。例如运用计算机、投影、电视等多媒体现代教育技术，实行操作规程标准化、工作承包制及采用系统方法进行教育活动、管理活动等。

上述要素，在管理过程中都不能孤立存在，必须在特定的管理活动内，通过相互结合、综合运用，才能产生良好的管理效能。管理活动的功能及效果绝不是上述要素的机械叠加，只有达到优化组合，有机构成整体系统，才能提高功效。诸要素总是在不断地运动、发展、变化，既表现在各要素的质和量上，也表现在要素结构关系及其作用上，由此使整个管理系统的特性也在不断地发生变化，所以必须实行"动态管理"。

尤其应强调的是，上述管理要素中的核心要素是人。因为人是社会财富的创造者、事与物的管理者、时空资源的利用者和信息流通的驾驭者，在管理活动中处于主体地位，起着主导作用；人又是最有能动性和创造性的要素，只有把人的事业心、责任感和主动性、积极性、创造性充分调动起来，才能使管理活动运转有序，富有生命力，获得理想的管理效能。

从过程管理的内容上看，课题研究的管理内容可分为人的管理、财的管理、物的管理、事的管理、时间空间的管理等方面。人的管理是课题研究成败的关键，在管理过程中一个课题的主要研究人员不超过5人，参研人员可多人，一个行政领导在同一级别的立项课题中最好只负责1个课题，如果在研究过程中出现主要研究人员变动，应及时向主管部门打报告。人的管理须依据学校制定的教育科研立项课题管理办法和学校管理制度中对于教育科研奖惩的规定实施科学管理。由于课题研究具有时效性和一定难度，周期比较长，见效比较慢等特点，许多教师不愿参与课题研究，即便参与也是被动参与，被动地接受管理，因此对研究人员的管理还必须实施人本管理，为教师们参与课题研究提供各方面的便利条件，想方设法调动他们的主动性、积极性和创造性。在研究过程中应合理地使用研究经费，以最少的投入去争取最大的效益。对于研究过程中所涉及的设备设施、研究资料、外显的研究成果应专人专项保管，定期进行整理和归档，尽量避免损毁和遗失。在研究过程中课题组一方面要管理好内部事务，如按照研究计划（方案）进行研究、组织学习、组织研讨、定期开会、填报各种报表等，另一方面还要处理好外部事务，使课题研究走出校门，改变闭门造车的现状，如组织研究人员外出学习、参加主管部门组织的培训、集体到教育科研先进单位参观、请专家学者到学校讲学、与高师院校联合进行课题研究、将研究成果送出发表和交流等。只有这样才能提高研究人员的素质，从而实现课题研究过程的最优化，提高课题研究成果的质量，扩大课题研究的社会影响。从时间上来看，课题研究具有一定的周期，如果是实验研究一般要求进行循环验证实验,以证明研究结果的信度和效度。每年9月份左右,教育科研主管部门均要求县级以上的立项课题必须填写和上报教育科研立项课题年度考核表。

三、管理过程

（一）管理过程的概念

管理过程是指为实现预定的管理目标,管理者组织全员按计划有步骤进行的共同活动的程序。管理过程由计划、实行、检查、总结四个环节或阶段构成。

（二）代明的管理过程理论

代明,美国管理学家、统计学家。代明首创全面质量管理的思想方法和工作步骤,提出了管理过程理论。如图所示:

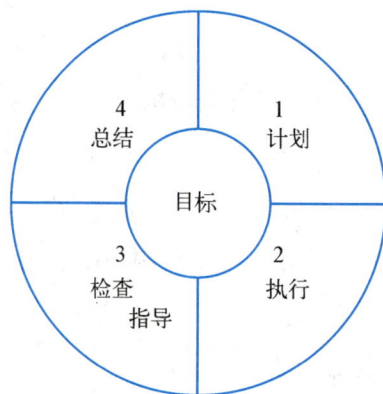

四、课题管理过程的运行

从管理学的角度来看,教育科研过程就是一个以研究目标为中心,由制订计划、组织计划实施、检查指导和反思、总结评价等环节构成的一个动态过程。在前一个研究周期的基础上又开始新一轮的研究,如此循环往复,推动课题研究向前进行。

（一）正确制订切实可行的研究计划和工作计划

1. 制订研究计划和工作计划的意义
计划是管理的起始环节,是行动纲领和方案,是蓝图也是最终检验的参照。

2. 制订研究计划的依据
（1）来自上级的。

（2）来自本课题的。

（3）来自实践的和理论的。

研究计划要有科学性和可行性。需作广泛调查。计划的制订过程是一个决策过程,体现管理者即作为课题负责人的果断性和创造性。

（二）组织研究计划的实施

1. 实施在管理过程中的地位
实施是贯穿管理周期全过程的中心环节,是实现目标的关键。

2. 实施阶段的管理活动
（1）组织协调。

（2）指导、激励与教育。

3. 实施阶段应注意的问题

（1）实施或执行计划的严肃性。

（2）考虑计划的科学安排，加强时间观念。

（3）注意发挥研究团体及各级组织的职能作用。

（三）采取多种形式对研究计划的实施进行检查

1. 检查在管理过程中的意义

检查是管理全过程的中继环节，是实施阶段的必然发展，也是总结阶段工作的前提和依据。因此，检查是推动课题研究工作顺利进行的重要措施，是实现研究目标和工作目标、获得预期成果的保证。

2. 有效检查的基本要求

（1）检查要以目标为依据，以计划规定的要求为标准和尺度，有目的、有计划、有步骤地进行。

（2）检查要实事求是，注意获取足够信息，要在记录和积累资料基础上，对检查结果作分析。

（3）检查既要注重工作结果，又要注重工作过程，将二者结合起来加以考察分析。检查不是目的而是一种管理手段。

（4）检查必须与指导相结合，才能推动研究工作顺利进行。常用的指导方式有三种：面向全员的指导性报告、总结推广经验和因人而异具体指导。

3. 检查方式

检查可以通过实地观察、听取汇报和召开会议，查阅工作记录、研究资料等方式。依实际需要采取多种检查方式，多方面了解情况掌握全局。

（四）做好研究计划和工作计划执行情况的总结

1. 总结的意义

总结是对工作全过程的回顾，即对计划、执行和检查作出总的分析和评价，特别是要对工作的过程及其结果作质和量的评价。通过总结得出经验和教训，探讨教育规律，承先启后，为下一管理周期的研究计划的制订提供依据。

2. 总结的类型

（1）从内容上分：全面总结和单项专题总结。

（2）从部门分：教育科研主管部门总结、课题组总结和个人总结。

（3）从时间上分：阶段性总结、结题成果总结等。

3. 总结阶段应注意的问题

（1）总结是研究工作的评价过程。

（2）总结要有群众参加，要具有教育激励作用。

（3）总结要注意探索规律。

（五）优化管理运行程序

在管理过程中，计划、实行、检查、总结等基本环节是相互联系并贯穿于管理活动的始终，它们之间的关系具有以下特点：（1）整体性，（2）递进性，（3）反馈性，（4）目的性。

教育科研是一个动态的研究活动，具有一定的周期，其周期一般应在两年以上。教育科研既要追求高质量的研究成果，又要注重扎扎实实、实事求是的研究过程。对于中小学教育科研，在评价一个研究课题质量的高低时，既要注重结果，又要注重过程。即便有的课题研究以失败告终，未能达到预期的研究目标，但只要过程真实、可信，此课题研究仍然是值得肯定的。因此，过程管理在研究过程中显得尤为重要。

一般情况下，立项课题的过程管理包括阶段性研究计划、活动过程记录、原始资料的收集和阶段性研究工作总结等方面的管理。下面是××县教育科学研究规划办制定的立项课题管理检查内容，仅供参考。

【典型案例】

××县立项课题管理检查内容

检查 A 级内容	检查 B 级内容	要　求
阶段性研究计划	研究目的	明确、具体
	研究措施	方式方法明确
	研究活动	时间、人员、内容明确
	对活动的评价构思	怎样突出有效性
活动过程记录	活动内容	明确具体
	活动目的	具体
	活动时间人次过程记载	明确具体
	活动小结	达到的目的、产生的效果
原始资料收集	培训讲稿	目的、内容、效果
	发言稿	主要研究者的简评
	教案	主要研究者的简评
	过程评价研究效果内容	由简入繁、具体实践效果
阶段性研究工作总结	研究阶段的实效目的	认识成果的收集
	研究活动的开展情况	具体次数明确
	研究措施优劣情况	具体简评
	研究内容的具体评价	最好有评价案例
	研究效果	同整体目的的比较

对于不同的学校应根据实际情况制定过程管理的评价考核表，这样定期对立项课题进行评价，进行指导，从而保证立项课题研究落到实处，也为今后对立项课题研究的阶段性考核提

供原始依据。下面是××县××镇中心学校制定的教育科研课题过程管理考核评价表,仅供参考。

××县××镇中心学校教育科研立项课题过程管理考核评价表

教科室   年   月   日

项目 课题 名称	计 划 阶 段				实 施 阶 段			总 结 阶 段			评 价			
	有计划	较具体、可操作	具体详细、操作性强	具体有创意、可操作性强	学习讨论四次以上	有研究课教案	有相关论文	有总结	研究资料翔实齐全	有实效	优	良	中	差
备注	以学期为单位进行考核。													

五、年度考核表的填写

不同级别的立项课题年度考核表的填写要求有所不同。一般要求要填写主要研究人员变动情况、围绕课题研究学习、培训的情况、课题研究进展情况、年度工作总结、形成的阶段性研究成果、下一阶段的研究预计突破的难题等内容。重点填写的是课题研究进展情况、年度工作总结、形成的阶段性研究成果几个方面。省、市两级立项课题年度考核表在填写时有所区别。

【典型案例1】

××市教育局教育科研立项课题
年度考核登记表

课题名称　　　　《藏区"9+3"幼师生感恩教育方法与途径研究》

承担单位　　××省××幼儿师范学校　　　　填报人　　　　廖　×

联系电话　　1×××××2945　　　　填报日期　2012 年 11 月 26 日

自评项目	自 评 内 容	自 评 结 果			
		达 到	基本达到	部分达到	未达到
组织管理	1. 领导重视,课题研究纳入学校整体工作计划,在研究条件上得到保证	√			
	2. 分工明确,责任落实,确保人员稳定,研究工作纳入对研究人员的年度工作考核	√			
	3. 研究、学习制度健全,并能很好地执行	√			

(续表)

自评项目	自 评 内 容	自 评 结 果			
		达 到	基本达到	部分达到	未达到
研究进展	4. 能按计划开展研究,完成本年度预定的研究任务	√			
研究资料	5. 能向研究人员提供足够的学习资料	√			
	6. 反映研究过程的档案资料(研究计划、总结、研究活动记录、简报、大事记等)完整	√			
研究效果	7. 围绕研究目标,研究对象的行为发生了积极的变化	√			
	8. 干部、教师相关的教育观念、行为发生了积极的变化	√			
研究成果	9. 有研究目标所规定的研究成果	√			
	10. 成果能反映研究所形成的新认识及相应的教育教学措施	√			

一、研究工作大事记(填写围绕课题所进行的主要学习、培训、研讨及相关的教育教学活动)

时 间	研究活动内容	参加人员、人数	主持人
2012 年 2 月 10 日	召开会议,研究部署本学年研究工作	藏区"9+3"学生负责人和相关研究人员	廖 ×
2012 年 3 月 15 日	主要研究人员研究工作	藏区"9+3"学生负责人和主要研究人员	廖 ×
2012 年 4 月 9 日	研究材料整理的具体工作	藏区"9+3"学生负责人和相关研究人员	廖 ×
2012 年 6 月 20 日	召开 9+3 学生大会	藏区"9+3"学生负责人和相关研究人员	甘××
2012 年 9 月 30 日	中秋节带藏区"9+3"学生包饺子	藏区"9+3"学生负责人和相关研究人员	庞××
2012 年 10 月 20 日	组织感恩研讨课《你们很幸福》	2011 级 11 班班主任、全体藏区"9+3"学生和电教室工作人员	廖 ×

二、课题组成员围绕课题学习、参考的文献资料

学习的论文(或著作)名称	论文作者	报刊名称及刊期(或出版社及出版时间)
《关于"感恩"与"孝亲"的思考》	吴春明	中国德育.2006 年第 1 期
《浙江省德育精品工程》	方展画	浙江大学出版社.2006.1
《对学生的感恩教育不能少》	李元卿	光明日报.2003 年第 11 期
《为生命实践教育学派的创建而努力》——叶澜教授访谈录	教育研究记者	教育研究.2004 年第 2 期
《学校德育问题新探》	黄向阳	华东师范大学出版社.2005.12.第 152—169 页
××省藏区免费中等职业教育文件汇编		××省教育厅

三、本年度科研工作总结

研究进展情况(主要填写采取了哪些研究措施)
本年度开展的主要研究工作有:继续组织学习了相关理论知识。组织了 9+3 学生大会,中秋节与藏区"9+3"学生包饺子。组织了感恩研讨课《你们很幸福》,在教室开辟感恩黑板报。结合母亲节、妇女节、父亲节等开展活动,如一日护蛋行动、听妈妈讲怀孕的故事、周末或假期做一天家务、为父母洗一次脚、给父母过生日、亲手制作礼物等活动。校园广播站开辟了白发亲娘栏目等。主要采用的研究措施归纳起来为:系统的思想教育,组织与感恩教育有关的实践活动,专门的感恩教育研究课等。

（续表）

课题研究所形成的认识成果与实践效果
通过一系列活动，让藏区"9＋3"学生在活动中体会到了国家的好政策，学校对他们的厚爱，班主任和科任教师对他们的关心，以及父母的辛劳，从而让学生懂得对国家、学校、老师、父母等要感恩报恩，激发了学生对父母、对师长、对他人、对祖国的尊敬和热爱，同时也使学生明白感恩之心也包含着爱自己。爱周围所有的人是爱自己，做一个令爱自己的人自豪的人是爱自己，珍视生命也是爱自己。让学生尽力做到在家孝敬父母、关心亲人、勤俭节约、热爱劳动；在学校尊敬师长、团结同学、勤奋学习；在社会热爱祖国、诚实守信、明辨是非。力争做一个胸怀开阔、心理健康、勤奋自立、勇于创新的好青年。

四、下年度研究工作计划要点（填写研究目标、时间规划、主要措施及预期成果等）

　　（一）下年度研究目标

　　研究的重点在于对"9＋3"藏区学生开展的感恩教育从小处入手，从身边入手，教育学生认识、感受、体验父母、老师、同伴、身边人对自己的关爱和帮助，让学生懂得感恩，并使感恩成为一种生活态度和一种品德。

　　（二）下年度研究时间规划

　　2012.12—2013.1 对9＋3学生开展业余党课学习活动。

　　2013.2—2013.4 本阶段按着实验方案，有计划、有组织、全方位地开展研究，不断修正和完善实施方案。全面探讨感恩教育的内容、方法和途径，构建起感恩心教育的体系，促进学生思想道德素质的提高。注重材料的积累和归档。完成课题研究总结。

　　（三）下年度研究措施

　　1. 营造感恩教育的校园环境。

　　2. 强调学科教学的感恩渗透。

　　3. 展开感恩教育活动：（1）对父母的感恩；（2）对老师的感恩；（3）对同学、朋友乃至他人的感恩；（4）对自然、对祖国的感恩。

　　4. 建立学校与家庭的教育纽带。

　　5. 利用影视媒体对学生进行熏陶。

　　（四）下年度研究预期成果

　　1. 实践成果。让学生懂得感恩并使感恩成为一种生活态度和一种品德。产生与课题相关的课件、光碟、教案等。

　　2. 理论成果。撰写出相关论文与研究报告。

五、考核意见

课题负责人所在单位审核意见	县（区）教研室审核意见	市教育局教科规划办考核结论
负责人（签字） 单位（盖章）	负责人（签字） 单位（盖章）	负责人（签字） 单位（盖章）

　　填表说明：

　　1. 凡尚未通过结题鉴定的市教育局立项课题（除当年9月才开题外），每学年均应填报本表。

　　2. 本表用钢笔填写，也可打印。

　　3. 本表应于每年9月1—30日同时报县（区）教研室和市教科规划办（设在市教科所）各一份。

【典型案例2】

××省教育厅普教科研资助金项目2012年度报表

项目名称	藏区"9+3"幼儿教育专业课程改革实践与研究					
立项时间	2012.6	第一承担单位		××省××幼儿师范学校		
填表日期	2012.11.25	联系电话	1398021××××	负责人	王××	

一、研究经费投入情况

    1. 胶印"9+3"《历史》、《教育学基础》校本实验教材7 740元。

    2. 举行"9+3"学生性健康教育讲座、"9+3"幼儿教育专业《再唱山歌给党听》文艺晚会5 600元。

    3. 开题论证会3 200元。

    4. 教师外出培训学习8 590元。

二、阶段主要研究活动（300字左右）	理论学习情况（围绕什么问题进行学习，学习的内容、形式和效果）
	    1. 围绕"9+3"学生的心理问题、内地藏区学生的分层教育问题、藏区幼儿教育的现状等方面内容开展学习。
	    2. 集中文献学习
	（1）《××省教科所"9+3"教育教学研究通讯》2010年第1期·总第四期
	（2）《××省"9+3"教育教学研究工作简报》2011年第7期·总第二十三期
	（3）《××省教科所"9+3"教育教学研究通讯》2011年第2期·总第九期
	（4）《多元智能新视野》加德纳
	（5）2012年全省中职教育科研成果交流会资料
	（6）教育科研方法学习
	    3. 通过理论学习，提高了课题组研究人员的理论水平，对开展研究起到了引领作用。

	实践性研究活动
	    1. 举行了开题论证会。
	    2. 设计出了新的藏区"9+3"幼儿教育专业课程计划并组织实施，组织了2次任课教师专题讨论会，3次"9+3"学生座谈会。
	    3. 编写了《历史》、《教育学基础》校本实验教材。
	    4. 举行"9+3"学生性健康教育讲座、"9+3"幼儿教育专业《再唱山歌给党听》文艺晚会。

	重要学术会议 参加了2012年××省中等职业技术学校教育科研成果交流会。
三、阶段研究进展（300字左右）	研究目标阶段完成情况 对"9+3"学生进行了调研，设计出了新的藏区"9+3"幼儿教育专业课程计划并组织实施；举行了开题论证会，在专家的引领下，研究方案得到完善；编写出了校本教材2本，发表了论文3篇，获奖论文36篇，基本达到了预期研究目标。

	研究成果（形成的经验文章或发表的论文等）
	    1.《藏区"9+3"中职学生融合教育探索》发表在《当代教育教学》2011年第5期。
	    2.《初中起点五年制学前教育专科学历教师培养研究》发表在《当代教育教学》2011年第6期。
	    3.《简论作品分析法在学前教育科研中的运用》发表在《教育改革与创新杂志》2012年第4期。
	    4. 藏区"9+3"班级科任教师撰写论文36篇。

	研究效果（最突出的教育改革效果）
	    1. 形成了藏区"9+3"幼儿教育专业课程计划，并组织实施，促进了学生知识和能力的发展，为培养出适应藏区幼儿教育的师资起到了探索作用。
	    2. 编写了《历史》、《教育学基础》校本实验教材。
	    3. 举行藏区"9+3"学生性健康教育讲座、"9+3"学生《生命与安全》教育专题讲座、"9+3"幼儿教育专业《再唱山歌给党听》文艺晚会等活动，促进了学生综合素质的提高。

(续表)

四、下阶段研究计划(重点说明预计突破的难题 100字左右)
1. 对藏区幼儿教育现状进行调研,及时调整课程计划,增加藏区幼儿教育需要的内容,培养出藏区适用人才。 2. 对新课程方案的实施情况进行跟踪,了解教师、学生对课程方案的反映。 3. 认真落实分层教学、因材施教。 4. 对学生的评价体制进行改革。
五、市(州)审查意见

备注:报省、市、县教科所(教研室)各一份,存档

×× 教育科学研究所制

【案例分析】

从以上两个案例可以看出,省、市级立项科研课题的年度考核表均要求认真填写阶段性的研究活动、研究的进展情况(完成情况和所取得的成果)以及下一阶段的研究计划。年度考核表逐级上报,经主管部门审查后存档,作为以后结题评审的重要过程管理资料。

【思考与练习】

1. 什么叫管理?
2. 管理的基本过程是怎样的?
3. 学前教育科研课题管理中检查环节主要检查哪些方面的内容?

参考文献

[1] 四川省隆昌县教研室、隆昌县金鹅镇中心学校教育科研立项课题过程管理考核评价表。

[2] 内江市教育局教育科研立项课题年度考核登记表。

[3] 四川省教育厅普教科研资助金项目年度报表。

[4] 张燕:《幼儿园管理》,人民教育出版社2009年版。

第六章

数据的统计与分析

【理论导航】

数据的统计与分析是教育实验研究中最困难的部分,它需要研究人员具备教育统计学的基础知识。下面仅介绍运用比较普遍的独立大样本与小样本平均数差异的显著性检验。

一、独立大样本与独立小样本的差异性检验的意义

在教育研究过程中,有许多问题必须进行科学实验,才能得出答案。但限于各种条件,实验常常只能抽选一部分样本进行,然后利用统计方法,对总体加以推论,这就需要进行差异性检验。

独立大样本与独立小样本的差异性检验的过程,是对研究对象由现象到本质进行了解和分析的过程,因此必须建立科学的指标,运用适当的方法,全面分析事物的各种现象,区别真象和假象,由此达到对事物本质形态及其内部联系的认识。独立大样本和独立小样本的差异性检验是对研究结果进行定量和定性分析的重要步骤,其结果是衡量一个研究成果质量高低的最重要的指标之一。

学习这部分内容有助于提高学生和教师的教育科学研究水平,更好地学习国内外教育先进经验,更好地进行学术交流,培养科学的思维能力与科学态度,加速教师的专业成长,促进教师从"经验型"教师向"研究型"和"专家型"教师转化。

二、独立的大样本平均数差异的显著性检验(Z检验)

从两个无关的总体中随机抽取的样本,称为独立的样本。当两个样本个案大于30时,称为独立大样本。

Z检验的具体操作步骤如下。

1. 求出实验组和对比组的平均分($\bar{x}$)

【典型案例1】

请检验某中学高一英语实验组(班)和对比组(班)英语成绩的差异是否显著。

实 验 组				对 比 组				
80	84	70	80	82	70	70	83	80
75	78	70	80	75	86	81	67	80
89	78	72	81	78	82	72	85	82
80	80	78	85	84	84	70	81	78
85	75	78	70	83	68	70	75	75
81	79	75	80	83	72	68	82	
82	72	74	78	72	83	70	60	
83	81	72	65	71	72	75	72	
85	82	78	80	80	85	60	75	
75	84	80	$n=42$ $\bar{x}_1=78.07$	84	85	78	80	$n=49$ $\bar{x}_2=76.51$
76	78	70		85	75	71	70	

2. 利用归类数据求标准差(S)

分组	组中值	f_1	f_2	x_1	x_2	x_1^2	x_2^2	fx_1^2	fx_2^2
85—89	87	4	7	8.93	10.49	79.74	110.04	318.96	770.28
80—84	82	16	15	3.93	5.49	15.44	30.14	247.04	452.1
75—79	77	13	9	−1.07	0.49	1.144	0.24	14.87	2.16
70—74	72	8	13	−6.07	−4.51	36.84	20.34	294.72	264.42
65—69	67	1	3	−11.07	−9.51	112.54	90.44	112.54	271.32
60—64	62		2	−16.07	−14.51	258.24	210.54		421.08
55—59									
50—54									
——									
								$\sum fx_1^2=988.13$	$\sum fx_2^2=2181.36$

组中值对平均数的离差用 X 表示

$$x_1 = \text{组中值} - \bar{x}_1 \qquad\qquad x_2 = \text{组中值} - \bar{x}_2$$

$$\bar{x}_1 = 78.07 \qquad n_1 = 42 \qquad \sum fx_1^2 = 988.13$$

$$\bar{x}_2 = 76.51 \qquad n_2 = 49 \qquad \sum fx_2^2 = 2181.36$$

两个样本平均数的差异用 $D\bar{x}$ 表示,上例 $D\bar{x} = 78.07 - 76.51 = 1.56$

标准差用 S 表示

$$S_1 = \sqrt{\frac{\sum f x_1^2}{n_1}} \qquad 即\ S_1^2 = \frac{\sum f x_1^2}{n_1}$$

$$S_2 = \sqrt{\frac{\sum f x_1^2}{n_2}} \qquad 即\ S_2^2 = \frac{\sum f x_2^2}{n_2}$$

上例 $S_1^2 = \dfrac{998.13}{42} = 23.76 \qquad S_2^2 = \dfrac{2\,181.36}{49} = 44.51$

3. 求出两个平均数差异的标准误($SE_{D\bar{x}}$)

公式：

$$SE_{D\bar{x}} = \sqrt{SE_{\bar{x}_1}^2 + SE_{\bar{x}_2}^2}$$

可简化为：

$$SE_{D\bar{x}} = \sqrt{\frac{S_1^2}{n_1} + \frac{S_2^2}{n_2}}$$

公式中：

$SE_{\bar{x}_1}$ =第一个样本的平均数的标准误。

$SE_{\bar{x}_2}$ =第二个样本的平均数的标准误。

$SE_{D\bar{x}}$ =两个样本的平均数的标准误。

$D\bar{X}$ =两个平均数差异。

S_1、S_2 =两个样本分布的标准差。

n_1、n_2 =两个样本的含量。

上例 $SE_{D\bar{x}} = \sqrt{\dfrac{23.76}{42} + \dfrac{44.51}{49}} = \sqrt{1.48} = 1.22$

4. 求出临界比例(Z 或 CR)

公式：

$$Z = \frac{两个样本的平均数差异}{两个样本平均数的标准误} = \frac{D\bar{X}}{SE_{D\bar{X}}}$$

将上例数据代入此公式：

$$Z = \frac{1.56}{1.22} = 1.287$$

5. 查 Z 值表求出 $P_{查}$ 值

$$P_{查} = 0.399\,7$$

$$P = 1 - P_{查} \times 2 = 1 - 0.399 \times 2 = 0.200\,6 \qquad P > 0.05$$

结果表述：(有以下三种情况)

(1) $P > 0.05$　两个样本的平均成绩差异不显著。

(2) $0.01 < P \leqslant 0.05$　两个样本的平均成绩有显著的差异。

（3）$P \leqslant 0.01$　两个样本的平均成绩有非常显著的差异。

上例结论：

$P = 0.200\ 6$　　$P > 0.05$　两个组的平均成绩差异不显著。

三、独立的小样本平均数之间差异的显著检验（t 检验）

当两样本个案小于 30 时，称为独立小样本。

当两个平均数来自独立的小样本时，其差异的检验方法与独立大样本的检验方法基本相同，只是 Z 检验的第 4 步和第 5 步分别改为求 t 值和查 t 的分布表（由于小样本分布不是正态分布）。

计算步骤：

1. 求出两组的平均数

2. 求两个平均数的差异

3. 求 $SE_{D\bar{x}(df)}$

$$df_1 \ 为 \ n_1 - 1 \qquad df_2 \ 为 \ n_2 - 1$$

$$df = df_1 + df_2 \quad 或 \quad df = n_1 + n_2 - 2$$

$$SE_{D\bar{x}(df)} = \sqrt{\frac{\sum X_1^2 + \sum X_2^2}{n_1 + n_2 - 2} \times \frac{n_1 + n_2}{n_1 \times n_2}}$$

4. 计算 t 值

$$t = \frac{D\bar{X}}{SE_{D\bar{X}(df)}}$$

5. 查 t 值分布表（$df = n_1 + n_2 - 2$），求出差异性水平并得出结论。

【典型案例 2】

幼儿园中一班幼儿体重结果，9 名男孩平均体重 20.40 公斤，标准差为 2.309；13 名女孩平均体重 18.77 公斤，标准差为 2.391。问男女孩之间体重是否有显著差异？

$\because \sum X^2 = (n-1)S^2$

$\therefore \sum X_1^2 = 8 \times 2.309^2 = 42.65$

$\therefore \sum X_2^2 = 12 \times 2.391^2 = 68.60$

$$\therefore SE_{D\bar{x}} = \sqrt{\frac{\sum X_1^2 + \sum X_2^2}{n_1 + n_2 - 2} \times \frac{n_1 + n_2}{n_1 \times n_2}} = \sqrt{\frac{42.65 + 68.60}{8 + 12} \times \frac{9 + 13}{9 \times 13}}$$

$$= \sqrt{\frac{111.25}{20} \times \frac{22}{117}}$$

$$= \sqrt{1.057\ 6}$$

$$=1.028$$

$$\therefore \quad t = \frac{20.40 - 18.77}{1.028} = \frac{1.63}{1.028} = 1.59$$

查 t 值分布表，$df = 8 + 12 = 20$，得 $p > 0.10 (p_{0.10} = 1.725) > 0.05$。

结论：男女孩体重差异不显著。

【案例分析】

　　案例 1 为独立大样本平均数差异的显著性检验，检验的具体步骤为：第一步利用归类数据求标准差(S)，第二步求出两个平均数差异的标准误($SE_{D\bar{x}}$)，第三步求出临界比例(Z 或 CR)，第四步查 Z 值表求出 $P_{查}$ 值，第五步得出结论。案例 2 为独立小样本平均数差异的显著性检验，前面三步和独立大样本的平均数差异性检验基本相同，第四步为计算 t 值，第五步为查 t 值分布表，第六步得出结论。Z 值表和 t 值表在《教育统计学》中，运算时一定要准确无误。在实际运用中还应特别注意根据 Z 和 t 来判定差异是显著、非常显著，还是不显著。

【思考与练习】

独立大小样本平均数差异的显著性检验的步骤是怎样的？

【自主学习】

请同学们利用课余时间自主学习《教育统计学》。

参考文献

[1] 马淑珍：《教育统计学》，自编讲义。

第七章

研究成果的总结

【理论导航】

一、研究成果的总结概述

（一）研究成果总结的重要意义

1. 研究成果的总结是将课题研究从感性认识上升到理性认识的过程，是整个课题研究最重要、最关键和必不可少的环节，也是最难的环节之一。

2. 研究成果的总结是在科学积累的基础上对课题研究各阶段的高度总结，它不仅体现课题价值，而且体现研究者的水平。

3. 研究成果的总结是评价课题研究是否成功和质量高低的重要指标之一。

4. 研究成果的总结能为课题研究的进一步深化和推广运用奠定基础。

（二）研究成果的种类

研究成果分为理论性研究成果、应用性研究成果两类。多数研究两种成果兼而有之。

（三）研究成果的特点

研究成果具有理论性、学术性、创造性、实践性和目标实现后的效益性等特点。

二、研究成果的文字表述形式

研究成果的文字表述形式有一般科研论文、阶段性研究报告和结题报告等形式。有时也将结题报告称为研究报告。它们在撰写时要求各不相同，但都需要注意科学性、创造性、规范性、可读性。

（一）一般科研论文的撰写

1. 一般科研论文的撰写策略

按照规范的格式要求，一般科研论文的撰写内容如下（仅供参考）：（1）标题、（2）作者、（3）单位及邮编、（4）摘要、（5）关键词（主题词简明扼要，一般不超过5个词组）、（6）正文（详写，包括论点、论据、论证、结论、参考文献等部分）。也可以按照"是什么？为什么？怎么做？做出了什么？"的思路来撰写。

在撰写过程中要注意层次和标号，可以按照"一、（一）、1、（1）、①、A、a"的层次顺序来写，也可以按照"1、1.1、1.1.1"的层次顺序来写。

在实际的撰写过程中不一定完全按照上述格式来撰写，一般科研论文呈现不同的个性特点。

对于大多数的中小学、幼儿园教师而言，经常撰写的是经验性的一般科研论文。它的题目相对较小，问题比较集中，多为经验总结；而思辨性的一般科研论文相对较少，因为它的撰写要求高，难度大。

2. 一般科研论文撰写示例

【典型案例】

浅论作品分析法在学前教育科研中的运用

牟××

（××幼儿师范学校，××，××，642150）

【摘要】作品分析法是教育科学研究中的一种基本方法，运用也比较广泛，但具体如何运用也是广大教育工作者共同研究的问题，本文是笔者在学前教育研究中的一点理论性认识。

【关键词】浅议 作品分析法 运用

作品分析法是指研究人员有目的地为研究对象确定一个主题，研究对象按照预定程序完成作品，通过对研究对象的活动作品进行分析，获取研究所需要的信息，从而对研究对象的发展作出评价的一种教育科学研究方法。这种研究方法在学前教育中有着特殊的意义。

1. 作品分析法在学前教育研究中的意义

1.1 深入了解学前儿童信息，并作出准确判断的一种重要研究方法

每一种研究方法都有其优越性和局限性，因此，在实际的研究过程中，研究者往往根据研究的需要，科学而合理地选择和使用研究方法，以一种或两种研究方法为主，其他方法为辅，以这种研究方法的优点去弥补其他方法的不足。与其他研究方法相比，作品分析法由于其间接性的特点，更容易排除因学前儿童防范心理所带来的信息失真。

有时受时间、环境条件、人力资源等因素的限制，或由于研究的特殊需要，不能进行现场考察，那么可提出一个主题，让学前儿童在规定时间内完成，上交作品。通过他们所完成作品的质量，分析其所具有的方法技术和能力水平。由于完成作品的过程大多需要一定的方法与能力的参与，因此，各种探究方法与能力的评价几乎都可以运用作品分析法。例如，对幼儿续编故事进

行分析,可以分析幼儿文学创作能力、幼儿思维和言语的发展,也可以分析幼儿的兴趣和理想的发展。观察能力、想象能力、创造能力可以从幼儿绘画作品的好坏体现出来,动手操作能力可以从幼儿泥塑、积木、积塑作品中判断。作品分析法的优点是可比性强,同一主题,几个学前儿童的作品放在一起,比较后便可见出高低。在研究过程中作品分析法是以学前儿童的作品为中介,推断学前儿童的探究能力水平与心理特征的发展。实施研究时学前儿童通常不知道老师要求他完成作品的意图,其注意力集中于作品的完成过程中,这样可以达到降低学前儿童防范心理,获得真实信息的良好效果。

作品分析法独有的特点和优越性,在研究过程中可以弥补其他研究方法的不足,从而实现研究过程的最优化。研究人员在研究过程中根据需要收集学前儿童作品,间接地了解他们的情况,从而帮助研究人员了解学前儿童整个变化过程,其学习特点、长处与短处;对所学事物掌握的深度及广度等方面的情况,以便更好地面向全体与因材施教,取得更好的教学效益。因此,作品分析法是深入了解学前儿童信息,并作出准确判断的一种重要研究方法。

1.2　提高研究人员教育科研素质的重要途径

随着幼儿教育改革的深入,新的问题层出不穷,需要广大学前教育工作者去研究。通过参与学前教育科学研究,使用作品分析法,从而促进研究者的教育科研素质的提高,这样不但推进了学前教育改革,提高了学前教育质量,而且可以为幼儿园领导和教育主管部门的决策提供科学依据。运用作品分析法对于不断提高研究者的教育科研素质有重要的促进作用。

2.　作品分析法运用的操作程序

作品分析法基本操作程序可分为五个步骤。

2.1　明确具体研究目标

在给学前儿童布置主题之前,研究人员应首先根据课题研究的目标,明确本作品分析的具体研究目标,即通过作品分析法想获得学前儿童哪些方面的信息。在作品分析法中,具体研究目标的表述可以分为三个方面:知识的运用水平与特点,技能的熟练程度与特点,相关心理特征的表现与特点。具体研究目标确定后,再选择最佳实现目标的方法。作品分析具体研究目标必须服务于课题研究目标。

2.2　确定分析指标

作品分析指标应从具体研究目标中剖析出来。其过程与其他研究方法一样,可以以由总到分,层层深入的形式先确定一级指标,再确定二级、三级指标。例如,要分析幼儿故事表演《狐假虎威》,可以确定以下各级指标(见 P72 表)。

2.3　选择作品抽查方法

作品分析法一般适宜在班级内进行研究。通过分析既要获得共性的认识,发现普遍存在的问题,同时也要获得个性的认识,找到特殊性,从而将共性与个性、普遍性与特殊性综合起来加以研究。因此,可以在研究过程中,根据不同时期的特点采取不同的作品抽查方法。

2.3.1　总体检查

对全部学前儿童的作品进行检查。这是绘画作品分析和手工作品分析常用的方法,用于分析学前儿童掌握学习内容的状况与技能发展特点。

项目	一级指标	二级指标				三级指标			
幼儿故事表演《狐假虎威》	表情	优	良	中	差				
		表情丰富，表现力强	表情较丰富，表现力较强	有表情，有一定的表现力	无表情，表现力差				
	语言	普通话				优	良	中	差
						语音标准、自然流畅	语音较标准、较自然流畅	语音基本标准、基本自然流畅	语音不标准、不自然流畅
		角色语言				优	良	中	差
						很好使用表现人物角色的语言	能使用表现人物角色的语言	基本能使用表现人物角色的语言	不能使用表现人物角色的语言
	体态语	优	良	中	差				
		设计自然和谐	设计较自然和谐	设计基本自然和谐	设计不自然和谐				

2.3.2 分类抽查

分类抽查常用于语言、绘画、手工作品分析等。分类抽查首先确定分类标准及类别，再从每类中随机抽取部分学前儿童作品进行分析。分类抽查属于形成性分析，所谓形成性分析是指为了能够更准确地掌握学前儿童活动发展的信息，在学前儿童活动的发展过程或完成任务过程中不定期地进行分类分析，以便更好地实施和改进后面的工作。需要注意的是，抽查方法不是一成不变的，研究人员应根据研究环境、时间、研究对象等实际情况，灵活使用。

2.4 实施操作

实施操作阶段主要工作是布置任务、分析作品、填写指标项目及分析表。具体来说这个阶段又可分为两个步骤。

2.4.1 向学前儿童布置任务，规定完成作品的时间

根据研究设计向学前儿童布置所要完成的作品及正确完成作品的时间界限。在布置任务时，研究者不应将研究的目的告诉学前儿童，只是将作品的操作性任务说明清楚即可，以避免暗示效应所带来的信息失真。学前儿童在了解任务的基础上充分发挥个体主体性，形成不同风格的作品。不确定的范围越大，学前儿童自由发挥的空间越大，作品分析的内容就越具体，以利于全面、深入了解学前儿童的发展状况。

作品的完成时限一般不宜过长，应根据制作任务的内容、性质与难度科学设定。如果规定的时限过长，在作品制作的前期，学前儿童会以为时间充裕而有放松情绪，在上交作品之前又匆忙完成，这种前松后紧的情况不利于充分发挥他们的主动性、积极性和创造性，研究者也难以据此准确地分析作品的制作水平以及学前儿童的相应特征。

2.4.2 收集学前儿童作品并进行分析

对学前儿童的作品进行分析时，首先应以填写第一阶段确立的指标内容为主，这样做可以保证不同作品之间具有横向可比性，其次应分析作品所具有的特色。

2.5　研究资料的统计与分析

当所有的作品统计与分析完毕后,研究人员按照教育科学研究的原理对前一阶段的分析表等研究资料再进行分析与综合、抽象概括、具体化。

2.6　得出结论

在对研究资料进行统计分析,进行分析与综合、抽象概括、具体化之后便可得出科学的研究结论。在运用作品分析法的一轮研究结束后,发现了一些新问题,而这些新问题即成为新一轮运用作品分析法所要研究的问题。这样不断循环,使研究不断深入,不断产生新的研究成果,进而推动学前教育科学研究向前发展。

3.　作品分析应注意的几个问题

在作品分析法的运用过程中还应该注意以下几个问题。

3.1　完成作品内容的正确性

作品分析内容的正确性是指学前儿童完成作品的正确程度,是学前儿童知识经验水平与应用水平的集中反映,是作品分析法最重要的指标。通过对内容正确程度的分析,研究人员可以清楚地了解学前儿童在教学过程和自我学习过程中对知识、技能、重点、难点、关键点的掌握程度,从而判断学前儿童的发展水平,同时将信息反馈给教师,使教师不断反思,对教师的专业成长有重要的促进作用。

3.2　完成作品的时间与作品质量的关系

完成作品的时间一般情况下能反映学前儿童的能力,能力强的孩子正确完成作品所用的时间相应比其他孩子正确完成作品的时间的少;反之则比其他孩子多。但是,完成作品时间的判定必须建立在正确完成作品的基础上,并且与总体平均时间作比较,不能盲目以完成作品的时间来判断孩子的能力,也不能简单地将完成作品的时间多少与孩子能力强弱画等号。

3.3　完成作品的形式反映学前儿童的心理特征

形式是作品表现主题的方式,反映学前儿童的想象力、创造力和对任务完成方式的理解与掌握程度,体现学前儿童的技能水平。例如,在艺术教育活动《花》中,有的幼儿用蜡笔画出花,有的幼儿用铅笔画出花,有的幼儿用剪刀剪出花,有的幼儿用手撕出花等;有的幼儿的作品是一朵花,有的幼儿的作品是一束花;有的幼儿的作品是单颜色,有的幼儿的作品则颜色丰富多彩。由此可见,同一主题,不同的孩子选择完成任务的形式不尽相同,反映出孩子独特的心理活动与心理特征。

3.4　通过作品分析可以概括出学前儿童的个性心理特征

古人云:"字如其人。"也就是说,通过写的字可以窥视一个人的个性特点。"文如其人",通过一个人的文学作品同样可以看出一个人的某些心理特征。因此,通过作品分析可以分析学前儿童的能力和性格等。

3.4.1　能力

能力是指直接影响人的活动效率的心理特征,它是使活动得以顺利完成的必备心理条件。从作品中分析学前儿童的能力特征,是作品分析法的一项重要内容。人的能力的形成与发展主要是通过解决问题来实现的,而评价一个人的能力也主要根据他所解决的问题的难度、速度以及程度。也就是说,学前儿童在总体中,在单位时间内以最少的时间正确完成了作品,这类孩子的能力比较强；反之则较差。

3.4.2 性格

性格是人对客观现实的态度的反映，反映着学前儿童对现实的态度和行为方式的特点。作品分析法中对学前儿童性格的研究主要侧重于了解学前儿童在性格方面存在的缺陷以及所表现出来的消极态度和问题行为，以便分析成因并进行矫正。例如，在分析学前儿童绘画作品时，部分作品存在造型不准、线条粗细不均、填涂粗糙、不精细等问题，由此可以推断这类孩子性格多属于外向型，活泼开朗，但做事马虎，不能很好地静下心来完成自己的活动任务。

在作品分析法的实际运用过程中，以上几个问题往往交织在一起，研究人员应加以综合考虑。

总之，每一种教育科研方法都有自己独特的优越性和局限性，教育工作者在研究过程中应该根据不同的学科性质与研究内容选择研究方法，取长补短，从而达到实现研究结果最优化的目的。

参考文献：

［1］陶保平：《学前教育科研方法》，华东师范大学出版社1999年版，第6页。

［2］张燕、刑利娅：《学前教育科学研究方法》，北京师范大学出版社1999年版，第25页。

［3］王坚红：《学前儿童发展与教育科研方法》，人民教育出版社1999年版，第8页。

［4］刘守旗：《塑造希望——献给小学生家长》，江苏教育出版社，第三章第三节。

［5］人教社师范教材中心：《心理学教程》，人民教育出版社1998年版，第38—39页。

【案例分析】

> 首先，作者回答了"为什么"，即作品分析法在学前教育研究中的意义；其次，作者回答了"怎么做"，即作品分析法运用的操作程序，这是本论文重点，它又分为五个方面；最后，作者回答了"做出了什么"，即作品分析法可以分析学前儿童完成作品内容的正确性、完成作品的时间与作品质量的关系，概括学前儿童的个性心理特征（性格与能力）。本论文有前言和结语，结构完整，可为初学者提供参考。

（二）研究报告的撰写

1. 研究报告撰写的基本环节

（1）草拟详细的写作提纲

（2）撰写初稿

撰写初稿是撰写过程的中心工作。一般的研究报告或结题报告可以按照以下思路来撰写。

第一部分　课题的界定与沿革

第二部分　课题的提出

第三部分　研究设计

一、研究对象

二、研究目标

三、研究阶段的划分

（一）搜集资料、选题、撰写研究方案、立项阶段（　年　月—　年　月）

（二）研究实施阶段（　年　月—　年　月）

（三）结题评审阶段（　年　月—　年　月）

第四部分　研究方法

第五部分　研究的实施

（这是研究报告或结题报告的核心部分，要按照研究方案，客观地将课题研究的实施步骤、研究方法的运用报告出来，这是研究结论的根据，否则就会出现结论无端，牵强附会的状况。）

第六部分　研究结果

一、课题研究所获得的理论性认识

二、实践效果

三、积累了良好的社会影响

四、典型个案

第七部分　讨论问题

第八部分　参考文献

（3）修改定稿

撰写研究报告要有严肃的态度，严谨的作风和科学的方法，达到科学性、客观性、公正性、确证性、可读性的要求，这样的研究报告才可能是有一定的质量的研究成果。

2. 撰写研究报告应注意的几个问题

（1）重点应放在研究过程、研究方法和研究结果这三个方面。

（2）理论观点的阐述要与研究过程中的事实材料紧密结合。

（3）要客观准确、实事求是，严禁学术腐败。

（三）成果简述书的撰写

结题评审后，研究成果可以参加各级人民政府和教育主管部门组织的教学成果奖，这就需要撰写成果简述书。

【典型案例】

成果编号：□□-□-□-□□□

××省教学成果奖申奖成果简述书

成果名称：师范生教育科研能力培养研究

第一部分　课题的提出
本课题研究主要解决的问题是：目前普遍存在小学、幼儿园教师自身发展困难，后劲不

足,难以适应快速发展的教育改革等问题,主要原因是中等师范院校职前教育对学生教育科研能力培养不足而严重影响到学生职业发展。本课题研究就是试图解决这一问题。

一、社会变革新要求与毕业生科研能力缺失的矛盾

随着基础教育课程改革的不断深入,《幼儿教育指导纲要》和《幼儿园工作规程》的强力实施,幼儿教育发展、改革势头迅猛,特色办园、科研兴园的要求日渐明晰,用人单位对适用性人才的新要求与毕业生教育科研能力缺失的矛盾日渐突出。由此对幼儿教师教育提出了许多新的课题。

为应对幼儿教育变革的需求,2000年至2002年,课题组所在学校连续三年选派34位教学骨干,分6批次前往北京、上海、广东、成都、重庆等地用人单位进行了调研。调研结果是:幼儿园吸收新的教育思想、教育理念和模式等都比中小学快;用人单位普遍反映近几年毕业生的专业思想、专业技能不够理想,教育科研能力薄弱,后劲不足。通过调查和反思,我们认识到必须加强毕业生的教育科研能力培养,及时建立一支研究型教师团队。

近年来,中等师范学校生源质量急剧下滑,师范教育的课程改革相对滞后,导致现行师范教育所培养的学生与用人单位所需的适用人才之间存在较大差距,由此产生了用人单位对适用性人才的新要求与毕业生教育科研能力缺失之间的矛盾。为此,学校决定选择培养具有一定教育科研能力的适用性人才为研究课题,并以此为突破口改革师范院校传统的人才培养模式,提高育人质量,促进教师教育科学发展。

二、教师后续发展的迫切要求

根据2002年教育部颁发的《"十五"期间教师教育改革与发展的意见》(教育部2002年1号文件)、21世纪素质教育"园丁工程"计划,中小学教师在学历教育达到一定标准的情况下,还应具备教育科研能力,边工作,边科研,成为"研究型"教师和"专家型"教师。然而,目前在教师的整体能力结构中,教育科研能力十分薄弱,许多教师研究成果较少,甚至为空白,有的教师甚至不会写论文。教师的成长和发展依靠先进理念和教育科研相对少,依靠经验积累者众,后续发展受到制约。因此,采用何种模式和途径来最大限度地提高教师的科研能力仍是广大教育理论工作者共同研究的课题。

三、新课程改革急需研究型教师

基础教育课程改革中,新情况、新问题层出不穷,这就需要教师必须具有研究意识和一定的教育科研能力,才能发现问题、提出问题、分析问题和解决问题,最终实现新课程改革的目标。教师的教育科研素养是基础教育课程改革顺利实施的有力保障,而中小学教师教育科研意识较薄弱、教育科研能力不强等问题在一定程度上影响了新课程改革的顺利实施,新课程改革急需研究型教师。

四、师范教育课程改革的客观要求

××省教育厅《××省中小学教师培养教学指导意见(试行)》川教(2008)55号文件中,关于培养目标规定:教师应具有一定的教学研究能力及管理能力。有关研究资料表明,在教师的科研能力的形成比例中,大学前的教育占18.18%,大学期间占11.11%,而职后却占

70.71％。从职前培养的角度来看,高师和中师课程方案中,《教育科研》课程设置滞后,严重影响学生教育科研能力的形成和后续发展,开展师范生教育科研能力培养研究就显得尤为重要和迫切。

以上教育教学改革和发展中的问题,就是立题的依据。我们率先在同类学校中立项,并于2002年9月被确立为××省普教科研规划课题。

第二部分　成果主要内容

此课题首先提高教师科研素养,然后再提高学生的科研综合素质。从学生角度讲,本课题研究思路为:师资准备(教师科研能力培养)→提高学生对教育科研重要意义的认识,培养研究兴趣→学生学习理解教育科研理论→学生寻找实践中的问题→学生提出解决问题的措施,获取研究材料→学生描述表达研究问题→毕业论文撰写→实习调查,辅之以学生学术团体研究、借助校外资源来培养学生的教育科研能力。

一、教师的科研素养为培养学生的教育科研能力奠定基础

教师教育科研能力培养实施步骤:

(一)教师教育科研动力的激励

课题组采取了物质奖励和精神激励相结合的方式来激励教师教育科研动力,通过在教育实践活动中的内化使参与教育科研成为教师的自觉行为。

(二)教师教育科研基础方法学习

教师教育科研能力的形成只有动力是不够的,它还必须以教育科研理论为基础,通过多种方式丰富教师的教育科研理论,提高教师的教育科研理论学习能力,为教师进行研究提供理论武装。

(三)教师在研究中形成研究能力

依据马克思主义"实践第一"的观点,我们认为,科研也必须"学以致用"、"理论联系实际"。要想学会"研究"就必须亲自做研究。

在研究期间,学校申请立项了1个省级、3个市级、4个县级、8个校级科研课题,全校参与课题科研的教师达80％以上。使广大教师在研究过程中逐步掌握了课题研究基本要求,初步具有一定的将自己的教育科研理论知识转变为实际的教育科研能力,为开展《师范生教育科研能力培养研究》做好师资储备。

二、学生掌握教育基本理论是科研的基石

教育理论是教育科研的核心要素之一,它对学生的研究具有启迪作用,也是学生教育科研能力形成的基础。课题组编写了校本教材《教育科研立项课题的研究策略与案例》,将它与《教育科研方法基础》结合起来使用,有利于学生掌握教育科研基本理论知识。

在研究过程中,共有943名大专学生系统地学习了教育科研基本理论知识,这为学生教育科研能力的形成奠定了良好的基础。

三、培养学生善于在实践中发现问题的能力

寻找问题是教育科研的实践要素之一。学生在学习、生活和工作中发现教育现实与教育

目标、自身发展有较大的差距,产生一系列百思而不得其解的问题,这就是学生的"问题意识"。课题组主要从以下两个方面来培养学生善于在实践中寻找问题的能力。

（一）围绕生活寻找研究性学习及教育科研问题

从自己感兴趣的问题中选题,从对某些现象的调查形成课题,从各种信息交流中去发掘课题。选出了"异性交往"、"中师生的消费"、"父亲对孩子性格的影响"、"'留守儿童'的调查"、"儿童过早的艺术教育定向"、"青少年与网络"、"教师心理素质与学生健康成长的关系"等课题。

通过教师指导,学生重新选出的题目更加具体,范围逐步缩小,切入点更好,这为后面研究工作的顺利进行提供了保障。

（二）寻找论文写作问题

课题组一方面提供毕业论文课题指南,学生可以从中选择题目;另一方面,学生也选择自己感兴趣的,与专业相关的教育现象或问题为论文写作题目。如2007届1班彭×的论文题目为《浅析白居易的〈长恨歌〉》,2005届3班陈×的论文题目为《浅议小学生英语兴趣的培养》,2006届1班陈××论文题目为《秦观词〈行香子〉赏析》等。

在学生寻找论文题目时,老师重点帮助学生解决以下问题:（1）选题范围过大。（2）选题与专业不对口。（3）对选题所涉及的内容不熟悉或未真正理解。

四、学生提出解决问题的办法,搜集整理研究材料

"搜集整理研究材料—将所学教育科研基本理论运用于实践—在实践中形成教育科研能力"是我们培养学生科研能力的"三步途径"。另外,在本课题研究之中,采用了"三级培养模式",所谓学生教育科研能力"三级培养模式"是指在五年制大专班三年级开展研究性学习;四年级进行教育科研基本理论的学习和同步进行模拟教育科研;五年级撰写毕业论文。通过实施"三级培养模式",达到学生形成初步的教育科研能力的目的。

（一）"一级培养"——通过研究性学习让学生体验"研究"过程,培养"研究"兴趣

2001年9月学校开始开展研究性学习,学生开始接触"研究",对教育科学研究有了感性的认识,培养起了初步的研究兴趣。但研究性学习与真正意义上的教育科学研究有很大的差别,教育科学研究是一种探究教育现象内在因果联系和规律的创新和发现活动,它具有很强的目的性、计划性特点,其宗旨是探究教育现象内在因果联系和规律。在学生教育科研能力培养上单靠研究性学习是不能实现预期目标的,课题组决定改革课程方案,在四年级开设《教育科研方法基础》,同步进行模拟教育科研。

（二）"二级培养"——进行模拟教育科研,形成学生教育科研基础能力

在四年级,由于教育科研课程与学生同步模拟教育科研实现了整合,学生的模拟立项课题研究基本按照教育科研的程序来进行,学生将教育科研理论与教育科研实践结合起来,用教育科研理论来指导教育科研实践,这对于学生教育科研能力的发展起着十分重要的作用。

在本阶段研究中,学生教育科研能力培养分解如下。

1. 学生制定研究方案及其指导

学生几经推敲选好题目之后,指导老师组织学生制定研究方案。因为有统一印发的科研方案"立项申请书",所以方案在大体结构上没问题,基本构成要素完整,但具体各部分的填写却存在一些问题。针对学生在制定研究方案中各环节存在的普遍问题,指导教师要求学生们讨论,重新查阅相关资料,讨论修改方案,教师帮助他们反复修改,直到合格为止。

2. 学生实施研究方案及其指导

研究方案只是研究的蓝图,是实施的蓝本,还必须培养学生研究方案实施的能力,这也是学生研究能力培养的关键。实施研究方案的过程就是将头脑中和形成文字的研究方案付诸实践的过程,从而去探究问题的真相。

案例:2005届3班学生黄××、周××组《××幼师学生英语听力现状调查》课题的主要实施步骤如下:(1) 2003年10月至2004年2月,小组的全体成员分工协作,查阅文字资料为进一步的调查奠定了基础。(2) 2004年2月至7月,根据已有资料及自身的经验,再结合本校学生的实际,制订了关于听力态度、习惯等方面的调查问卷,并对问卷进行整理分析,初步找出问题的关键所在。(3) 2004年7月至10月,针对问卷中发现的问题,查阅资料,并向本校英语教师请教,找出了解决问题的方法,再将所有的口头材料和书面材料归纳整理,形成了最后的调查报告,得出结论。

在以上的实施过程中,教师给予了问卷制作、数据处理、实施程序等相应的指导。

(三)"三级培养"——撰写毕业论文,整合和提高学生的教育科研能力

学校高度重视毕业生能力的培养,认为毕业论文的撰写是专科层次毕业生必须具备的能力之一,是对学生研究能力和写作能力的大检阅,是学生今后从事教育科学研究的基础,也是提高我校教育教学质量和进一步提高大专班学生就业竞争力的一个新的增长点。因此,学校将毕业论文的撰写纳入专科层次学生毕业能力检测的项目之一,加强指导,严格要求。

五、描述并表达研究问题——学生成果总结及指导

(一)研究性学习、模拟教育科研成果的总结

研究成果的总结是一个从感性认识上升到理性认识的过程,是一个分析、综合、比较、抽象、概括、具体化的过程。怎样从纷繁复杂的材料中提炼出理论的东西来,这就需要教师对学生进行指导,以帮助学生形成初步的成果总结能力。

例如,《青少年叛逆心理成因及矫正研究》学生课题组首先回答了什么是叛逆心理,然后通过大量的资料和案例来解释和说明叛逆心理形成的原因,最后提出解决问题的办法。又如,《××学校英语教育资源调查与研究》学生课题组在研究报告中罗列出学校有多少英语专业学生、多少英语教师、有多少英语书籍、多少台录音机、多少个语音室等大量数据,但就是没有弄清楚这些数据是用来干什么的。在教师的指导下,学生通过计算平均占有量,从而得出了"学校英语教育资源严重不足"的结论。

(二)毕业论文的撰写

制定《××幼儿师范学校毕业论文管理办法》,按照学生所选论文题目的方向,由学生选

择或由学校安排指导教师。每位教师全面负责5名学生的毕业论文指导工作,按照规范的论文指导要求,在规定时间内完成,评定出成绩。学校教科室对教师的指导情况进行检查,评定出等级,评出优秀毕业论文予以奖励并汇编成《优秀论文集》。2005届1班李××撰写的《浅析〈雷雨〉中的周朴园》,原题为《浅析〈雷雨〉的艺术特色》。指导教师认为,该生理解周朴园的形象复杂、特殊,这也是《雷雨》的特色,所以用了原题目,但从内容看,该文通篇在分析周朴园这个形象,并未将周朴园同《雷雨》特色联系起来,这无疑是不恰当的。文章的其他方面均较好,于是,教师指导该生将题目改为《浅析〈雷雨〉中的周朴园》。论文这样一改,不动大手术,文题吻合、语句流畅、结构恰当,成为一篇好文章,被收入了《优秀论文集》。

六、指导学生学会团体进行研究

在研究过程中学生自发成立了"新师资成长学会"、"教育研究学会"、2006级幼教"人文与科学研究部",在教师的指导下,选择一些课题进行专题研究,并形成研究论文、个案和心得体会,定期出版《人文与科学》杂志。

学会团体开展的研究活动有《基础教育课程改革背景下农村教育问题探析》、《幼儿教育现状分析及改革对策》、《新班主任工作》、《小学生英语学习兴趣培养研究》、《学生资源的开发与利用》、《班级管理体制改革》、《英语听力强化训练策略探究》、《英语口语表达能力培养研究》、《如何克服演唱羞怯心理》等。

学生加入研究团队,丰富了课余生活,陶冶了情操,张扬了个性;通过社团活动,使学生的问题意识和研究能力得到提高,进一步延伸和拓展了本课题研究,对培养学生的研究兴趣和促进教育科研能力的发展起到了积极的推动作用。

七、借助校外资源培养学生的教育科研能力

仅仅依靠学校的条件和力量来培养学生的教育科研能力是不够的,还必须借助社会资源培养学生的教育科研能力。因此课题组外聘5位高校知名教育专家,6位小学、幼儿园优秀教师到校讲学;组织学生观摩市、县小学、幼儿园教师优质课竞赛,聆听支持人的精彩点评;组织学生参加县教务处教科室展示活动,了解全县各中小学、幼儿园教育科研开展的情况;组织学生观摩县政府、市政府、省政府教学成果奖申奖展示活动,激发学生对教育科研的兴趣。另外毕业生充分利用去小学、幼儿园见习、顶岗实习的机会,请学校为学生介绍本校(园)教育科研的开展情况,实地观摩教育科研的开展,并要求完成一份见习体会或教育实习调查报告。上述途径弥补了课堂教学的不足,开拓了学生的视野,让学生真正走进了教育科研,取得了非常好的效果。

第三部分　项目成果效益

一、理论性认识

(一)学生研究意识、自我反思习惯培养是其发展力延伸的动因

外因是变化的条件,内因是变化的动力。因此在学生自身发展过程中,研究意识、自我反思习惯是其发展力延伸的内在动因。我校研究性学习的开展采用了教育科研的基本操作步骤,具有较强的教育科研性质,突出了师范性,有利于形成研究意识和自我反思习惯,培养学

生的专业技能,较好地满足了人才市场对师范毕业生科研能力的要求,也为学生今后的发展提供了原动力。

（二）学生科研能力的培养必须遵循系统论的原理

第一,学生教育科研能力的构成要素是一个系统,彼此是相互联系、相互制约、相互促进的,其中任何一个环节出了问题都会影响教师教育科研能力的形成和提高。因此,必须协调和处理好学生科研能力各要素之间的关系。

第二,教育科研能力"三级培养"模式是一个从简单到复杂、从低级到高级的过程,三年级研究性学习是学生教育科研能力形成的基础,四年级进行模拟立项课题研究是学生教育科研能力形成的关键,五年级撰写毕业论文是学生教育科研能力的强化和进一步发展,这就构成了学生教育科研能力的培养系统。

第三,学生教育科研能力培养仅靠学校内部力量是不够的,还必须充分利用各种校外资源来共同完成,开拓学生的视野,缩短学生教育科研能力形成的周期。

（三）教师教学理念和行为提升,学生在研究过程中不断尝到成长的快乐,师生主动学习发展

通过课题研究,教师的教育理念开始发生巨大变化。老师们自觉从传统教育方式向现代教育方式转化,自觉认同"科研兴校"的教育理念;反思教学,主动学习蔚然成风。学生们学习兴趣普遍提高,主动学习,"我要学习"者众,积极提升自身技能,在学习中不断尝到成长的快乐,师生主动学习发展。

（四）寻找教师教育研究能力缺失的根源,为中等师范学校的课程改革提供实践依据

长期以来,我国师范院校教师教育的课程体系中,教育学科专业课程仅占总课时的7%—11%,学科专业课程和公共课程占总课时的89%—93%,这种一边倒的课程体系决定了我国师范院校所培养的教师是"知识型"而非"研究型"或"专家型"教师。此外,在我国现行的师范院校的教师教育模式中不能突出教育专业特点的根源还在于教育学科课程的结构单一,心理学、教育学、学科教学法（学科教育学）一统天下。教育学科,特别是教育科学研究课程的课时少,课程结构单一,要突出教师教育研究能力的培养难乎其难。因此,提高毕业生教育科研能力的中等师范教育改革迫在眉睫。

（五）对中师的课程进行改革,编写适合学生的《教育科研方法》校本教材

改革现有课程设置,增设《研究性学习》和《教育科研方法》课程。2000级学生使用的是《小学教育科研方法》、《学前教育科研方法》教材,由于学生的文化基础问题,学生反映教材理论性太强,学完之后还是不知道怎样进行教育科研。为了解决这一难题,课题组编写出了《教育科研立项课题的研究策略与案例》校本教材,将两本教材结合起来使用,取长补短。2006届学生的学习结果证明取得了较好的教学效果。

（六）培养学生教育科研能力的基本途径

培养学生的教育科研能力的基本途径有:第一,充实教育科研专业理论课程。第二,抓

好学生的教育科研实践。第三,关注学生可持续发展学习能力的培养。如果中等师范学校能切实做好以上几个方面的工作,就能让学生在学习期间大幅度提高教育科研能力,这样既可以缩短教师专业化成长的周期,又可以提高毕业生的质量,促进毕业生就业,可谓一举多得。学生教育科研能力"三级培养模式"正是基于以上认识并通过实践而获得的理论成果。

二、实践效果

(一)学生教育科研能力整体提升,涌现一批教育科研优秀学生

1. 学生掌握了基本的教育科研理论知识

参与研究的学生共完成模拟立项科研课题 76 个,搜集教育案例 3 636 篇;写出见习、实习体会 1 444 篇;调查报告 990 篇;小论文 1 212 篇;研究性学习论文 343 篇;撰写出毕业论文943 篇;获奖论文或成果 200 多篇(件);汇编《学生研究性学习与教育科研成果集》(一)、《首届五年制大专班毕业论文选集》。

2. 毕业前学生的教育科研实践活动

案例:2006 届 3 班小学教育英语方向的杨×同学在研究过程中发起和成立了学校的教育科研学会,开展了一些普及性活动和研究活动,研究成果获××省新课程改革成果二等奖。

3. 毕业后学生的教育科研活动

案例:2006 届 3 班小学教育英语方向的杨×毕业后积极带头参与教育科研,成为阿坝州级课题《提高山区少数民族教学质量研究》主要研究人员,因成绩显著,被评选为民族地区教育科研骨干。2010 届毕业生江××刚到××市英语实验幼儿园工作,园长就安排她写市级课题的阶段性报告。她通过分析研究资料、调查研究在很短的时间内写出了较为规范的阶段性研究报告,得到幼儿园领导以及市教科所专家的好评。

4. 用人单位的积极反馈

××永祥教育集团、××军区司令部幼儿园、××市金苹果幼儿园等用人单位都反映我校毕业生具有较好的教育科研意识,在教育科研活动中有独到的见解,他们发现问题、分析问题、提出解决问题方案的能力明显强于同类学校的毕业生。我校培养了一批教育科研优秀学生。由此可见,通过在校的职前教育为毕业生就职后教育科研能力的发展奠定了坚实的基础。

(二)构建了学生教育科研能力"三级"培养模式

1. "一级培养"——通过研究性学习让学生体验"研究"过程,培养"研究"兴趣

三年级开展研究性学习。学生开始接触"研究",对教育科学研究有了感性的认识,培养起了初步的研究兴趣。

2. "二级培养"——进行模拟教育科研,促进学生教育科研能力发展

四年级进行模拟教育科研。学生的模拟立项课题研究基本按照教育科研的程序来进行。学生将教育科研理论与教育科研实践结合起来,用教育科研理论来指导教育科研实践,这对于学生教育科研能力的发展起到关键性的作用。

3.“三级培养”——撰写毕业论文,整合和提高学生的教育科研能力

五年级撰写毕业论文。学校高度重视毕业生能力的培养,认为毕业论文的撰写是专科层次毕业生必须具备的能力之一,是对学生研究能力和写作能力的大检阅,是学生今后从事教育科学研究的基础。因此,学校将毕业论文的撰写纳入专科层次学生毕业能力检测的项目之一,加强指导,严格要求。

正如××师范学院张××教授所言,课题研究改革了师范院校学生教育科研能力培养的方式,成果效益和社会影响良好。

(三)教师指导学生教育科研能力显著提高,并能自觉地在学科教学中渗透教育科研能力培养

在研究过程中教师自觉将教育科研理论运用到教学过程中,建立了幼儿教育学、心理学研究性学习探索、幼儿卫生学研究性学习探索、中师物理研究性学习探索、中师化学研究性学习探索等子课题,促使他们将自己的教育科研理论知识转变为实际的指导能力,不仅提高教师的科研能力,而且带动了学生参与教育科学研究。在研究期间,教师参加各级新课程培训113人次,写出论文411篇。三项研究成果获省市县教学成果奖,对科研兴校和学生教育科研能力的发展起到了积极的推动作用。

(四)课题研究取得的操作技术成果

1. 在研究过程中,课题组编写出了《教育科研立项课题的研究策略与案例》校本教材,编撰了《五年制大专研究性学习与教育科研成果集》、《首届五年制大专毕业学生毕业论文选集》、编写复旦大学出版社出版的《学前教育科研方法》第九章、形成影像资料共计12盘(碟)。

2. 围绕课题研究发表论文5篇,国家省市获奖论文11篇,学生获奖论文或成果200多篇(件),写出教育调查报告943篇。研究成果获市第十届教育科研成果一等奖;研究人员中共有11人被评为各级优秀科研人才,2名教师被确定为省级骨干教师。

3. 诞生了学生的学术团体——新师资成长研究学会、教育研究学会、人文与科学研究部。三个学生学术团体有1—5年级会员500余人。会员广泛开展研究性学习与教育科研,增强了合作与交流,进一步推进学生教育科研素质的发展。

4. 构建了学生教育科研能力“三级”培养模式。

(五)毕业生较强的专业技能、突出的教育科研能力受到用人单位的好评

通过本课题研究,学生的研究能力得到提高,这成为我校提高教学质量的新的增长点,提高了毕业生的就业竞争力,在与同类学校乃至学前教育本科毕业生的竞争中处于有利地位,获得了良好的声誉。最近几年我校毕业生就业率达98%以上,毕业生供不应求,在四川、重庆、广东、北京、海南、浙江等15个省(市)广泛就业。

(六)研究成果在全校3—5年级中运用和推广,充分发挥成果的价值和效益

课题组将学生教育科研能力“三级”培养模式、学生社团教育科研继续在全校3—5年级中运用和推广,使课题研究更加深入,充分发挥了研究成果应有的价值和效益。

（七）课题研究积累了良好的社会影响

1. 毕业学生的教育科研能力发展得到了用人单位的好评价。

××永祥教育集团、××山高教育集团、××军区司令部幼儿园、××警备司令部幼儿园、××市金苹果幼儿园等省内外用人单位都反映我校毕业生具有较好的教育科研意识,思维活跃,有一定的科研能力,能积极参与学校的教育科研活动,在教研活动中有独到的见解。

2. 以本课题研究为主的学校立项课题网络的开展,学生教育科研能力的提高以及所取得的成绩,在2005年××省教育厅对我校专科办学水平评估中得到了专家组的好评,为办学水平评估赢得了宝贵的分值和声誉。

3. 在2008年进行的首届××省骨干教师培训会上,××师范大学教授、130多名省内幼儿园园长、骨干教师对我校这一研究课题与取得的成果给予高度评价,盛赞我校为培养新型研究型幼儿教师作出了贡献。

4. 2009年3月,××省电视台报道了我校学生教育科研能力培养对学生就业的促进作用,有一定的社会影响。

5.《××电视台》、《××日报》、《香港经济日报》先后报道:全国大中专毕业生遭遇就业寒流时,××幼师毕业生被全国15余个省(直辖市)用人单位争相选聘,因为这里的毕业生"好用",研究意识强,发展后劲更足。因此产生了良好的社会效益。

虽然圆满完成了研究任务,并取得了较为丰硕的研究成果,但我们同时也发现了一些新问题,这些问题有待于在今后的工作中进一步研究。

【案例分析】

在省级及以上人民政府教学成果奖的评选中一般使用盲评,因此在成果申奖简述书中不能出现研究单位、真实人名等信息,字数要求在20 000字以内。在撰写过程中可以按照第一部分课题的提出、第二部分成果主要内容、第三部分项目成果效益等来写,每一部分又可包括若干具体内容,重点应放在第二、三部分。一般来说研究报告或结题报告撰写的内容比较多,因此课题组必须进行提炼和深加工,才能使质量得到显著提高,在评审中得到专家的认可。上例研究成果获××省人民政府第四届教学成果二等奖。

【思考与练习】

1. 一般科研论文的撰写包括哪些方面?

2. 研究报告撰写的基本环节有哪些?

3. 如何撰写成果简述书?

【实践活动】

学生以课题组为单位,撰写模拟课题研究论文和研究报告(结题报告)。

参考文献

[1] 谌业锋:《教育科研的实施和成果表述》,凉山州教科所网,2013年。

第八章

结 题 评 审

【理论导航】

一、结题评审的策略

（一）结题评审的准备工作

结题评审的准备工作包括以下方面：

（1）提前向科研主管部门提交结题申请；

（2）搜集、整理所有的研究资料，并按研究阶段归档和编号；

（3）撰写结题所需的工作报告、效果自查报告和结题报告或研究报告，结题报告或研究报告需反复修改，不断完善；

（4）做好咨询和答辩的充分准备；

（5）如果课题研究与课堂教学有关，还需提供现场课堂教学。

（二）结题评审的方式

1. 现场结题评审

（1）什么是现场评审？

现场评审是课题组向立项级别的教育科研规划办公室提出书面申请，教育科研主管部门组织专家组到学校以听、看、查、访等方式进行结题的一种结题评审方式。

（2）现场结题评审的一般过程

① 课题组向教育科研主管部门提出书面现场结题申请，确定时间后到学校进行评审。

② 结题评审组长宣读鉴定委托书。（结题评审组成员构成及资格）

③ 课题管理人员做课题研究工作报告。（可有所侧重）

④ 课题组主要研究人员作结题报告或研究报告。（详尽细致中突出重点，时间一般不超过30分钟）

⑤ 结题评审组对主要研究人员进行资格认定。（主要研究人员汇报各自在课题研究中所承担的具体研究工作）

⑥ 评审组对课题资料进行检查（一般采用听、看、查、访等方式进行），如需要还将深入课堂听课。

⑦ 评审组向课题组主要研究人员咨询课题研究的相关问题，课题主要研究人员进行答辩。（一般情况下，评审组提出的问题专业性强，直指课题研究的难点和薄弱环节。）

⑧ 评审组对课题研究的情况进行合议，作出评审鉴定并形成书面文字（后附评审组效果检测报告和成果鉴定书）。

⑨ 结题评审组执行秘书宣读评审鉴定意见。

⑩ 结题评审组组长宣布结题评审结论（合格、不合格），并对课题研究提出新要求。课题所在单位领导发言。

2. 通讯评审

(1) 什么是通讯评审？

通讯评审是课题组向立项级别的教育科研规划办公室提交课题研究的相关资料，再由教育科研主管部门组织专家组进行评审的一种结题评审方式。一般来说通讯评审要求更高，难度更大。

(2) 通讯评审的一般过程

① 课题组向教育科研规划办公室提出通讯评审申请。

② 课题组报送课题研究的相关资料。

③ 教育科研主管部门成立专家组进行评审。

④ 得出鉴定意见和结论。

二、工作报告

工作报告是课题研究全过程管理的总结。一般围绕课题研究的几大部分来撰写。在撰写时应注意主次，突出重点。

【典型案例】

基础教育新师资教育科研能力培养研究
工 作 报 告
××幼儿师范学校课题组

一、课题研究的沿革

1. 本课题源于2002年9月××省普教科研立项科研课题《利用研究性学习提高基础教育新师资教育科研能力发展实践与研究》，在研究和成果总结过程中发现本课题研究已经超越了研究性学习的范畴，最后将课题名称确定为《基础教育新师资教育科研能力培养研究》。

2. 在本课题研究中,新师资教育科研能力培养是指学生围绕教育科研的"要素"展开研究活动,感受研究过程,培养研究兴趣,获得教育科研的感性认识,促进学生教育科研能力的初步发展。学生的教育科研能力主要指选题、制定研究方案、实施研究、数据统计与分析、成果总结等初步能力。在本课题研究中"基础教育新师资"主要指三年级以上的五年制大专班学生。本课题研究的主要任务是探索基础教育新师资教育科研能力的培养方式、方法和途径以及能否形成极具可操作性和推广性的培养模式;探索利用学校现有的教育科研资源,开发教师教育科研培训内容、策略,形成独具特色的教育科研校本教材。

本课题研究目标包括认知目标、情感目标、操作目标。

(1) 使学生基本掌握教育科研理论知识,初步形成教育科研能力。具体来说能够恰当选题、会制定研究方案、会实施研究方案、会进行成果总结,使之成为提高毕业生质量的新的增长点,为学生今后的发展提供原动力。

(2) 教师指导学生进行教育科研和论文写作的能力有所提高。

(3) 探索具有推广性的"基础教育新师资教育科研能力培养"实施策略。

(4) 培养学生对教育科研的兴趣。

3. 研究对象

研究对象为××幼师专科层次 3—5 年级学生:2000 级学生 248 名;2001 级学生 233 名;2002 级学生 281 名;2003 级学生 184 名。

4. 研究阶段的划分

(1) 前期研究(2001 年 4 月开始)

前期研究主要进行研究性学习的探索和教师科研能力培养研究。

(2) 搜集资料、选题、撰写研究方案、立项阶段(2001 年 9 月—2002 年 9 月)

(3) 研究实施阶段(2002 年 9 月—2006 年 9 月)

本阶段采用三级实施模式:

① 三年级研究性学习

② 关键阶段是四年级学习教育科研理论并进行模拟教育科研立项课题研究

③ 撰写毕业论文

(4) 结题评审阶段(2006 年 9 月—2007 年 7 月)

5. 主要研究方法

在本课题研究中,采用了教育调查法,对××县小学教师、新教师教育科研素质进行了问卷调查;采用比较研究法对研究对象的前后资料进行统计分析,对照比较,从而分析研究对象教育科研能力的发展;采用个案研究法对部分研究个体进行跟踪研究,观察其科研能力的变化;采用作品分析法对研究个体的研究成果等进行评价,从而判断研究对象教育科研能力的发展;采用行动研究法,由课题组主要研究人员担任研究者,以学前教育科研教学中的实际问题为研究内容,实施改进教学活动;采用档案袋评价法对学生课题组研究资料或个体的资料进行分析、评价,从而了解研究对象教育科研能力的发展;课题组采用经验总结法将研究过程中所获得的感性认识加以分析、综合、抽象与概括,从而将感性认识上升到理性认识,总结出成功的具有推广价值的经验。

在本课题研究过程中,科学综合地使用了以上各种研究方法,因为每一种研究方法都有其优越性与局限性,在研究过程中利用这一方法的优点去弥补另一方法的不足,这样全方位、多角度获得研究所需要的信息,从而得出了较为科学的结论。

二、研究力量的安排

课题组主要研究人员名单及承担的主要工作

成果名称				基础教育新师资教育科研能力培养研究		
主要研究人员	姓 名	性别	年龄	职务职称	工作单位	承担的主要工作
	王××	男	41	校 长 政治高级讲师	××幼儿师范学校	全面负责
	牟××	男	40	教务主任 教育学高级讲师	××幼儿师范学校	选题、立项、撰写研究方案、承担小教科研教学和指导学生进行模拟教育科研、撰写结题报告
	李××	女	37	教育学高级讲师	××幼儿师范学校	承担小教科研教学和指导学生进行模拟教育科研
	全××	女	34	教育学讲师	××幼儿师范学校	承担学前教育科研教学
	杨××	男	39	化学讲师	××幼儿师范学校	档案资料的管理

三、课题组所做的主要研究工作

1.围绕课题研究学习的文献资料

(1)专著

陶保平:《学前教育科研方法》,华东师范大学出版社1999年版。

张燕、刑利娅:《学前教育科学研究方法》,北京师范大学出版社1999年版。

王坚红:《学前儿童发展与教育科研方法》,人民教育出版社1999年版。

刘守旗:《塑造希望——献给小学生家长》,江苏教育出版社2002年版。

张保臣:《学前教育科学研究方法》,华东师范大学出版社2007年版。

(2)其他

《基础教育课程改革纲要(试行)》

校本教材《教育科研立项课题的研究策略与案例》(牟洪贵著)

(3)教师参加的部分校内外理论学习

培训时间	培训地点	培训内容	培训单位级别	主办单位	参培人员
2004年4月	××幼儿师范学校	教师新课程培训	校级	主讲:杨××	全校教师
2005年9月25日	××幼儿师范学校	教师技能专项培训	校级	主讲:赵××	全校教师
2007年10月8日	××幼儿师范学校	教师教育观念与教育素质培训	校级	主讲:王××	全校教师
2007年11月19日	××幼儿师范学校	科研型教师教育观念培训	校级	主讲:牟××	全校教师
2005年9月	××幼儿师范学校	省级课题专项培训	校级	主讲:牟××	全校教师

（续表）

培训时间	培训地点	培 训 内 容	培训单位级别	主办单位	参培人员
2005年9月	××幼儿师范学校	新教育理念培训	校级	主讲：全××	全校教师
2006年10月至2007年12月	××幼儿师范学校	国家级课题专项培训	校级	主讲：牟××等	全校教师
2007年4月10日至4月11日	××县金鳞山庄	校本研修工作研讨	市级	××市教育局	全××等4名教师

2. 围绕课题研究的经验总结、研讨情况

在研究过程中主要对研究性学习课程的开设、研究性学习的实施、教育科研课程的开设、学生模拟教育科研立项课题的开展与指导、毕业论文的撰写与成绩的记载等问题在课题组内部进行了研讨，参与的人数达60多人次；就研究课题的变革、研究方案的实施、研究成果的总结与成果推广等问题与省教科所周×教授、市教科所理论室艾××、赵××主任、县教研室周××等专家进行了多次研讨，参加人数达30多人次；××师范学院张××教授到校指导教育科研，参与的教师达90多人。

学校1名主要研究人员参加了全国综合实践活动研讨会，1名主要研究人员参加了在华东师大举办的全国综合实践活动师资培训会并取得合格证书。

学校课题组组织的教育科研理论培训达10余次，参加学习的教师达800多人次；在成果推广过程中，校本教材《教育科研立项课题的研究策略与案例》被全县多个中心学校使用，大家一起研讨并进行了修改；2007年8月1名主要研究人员与××县130多名新教师进行了成果的交流。

3. 围绕课题研究的经验总结材料、论文撰稿与发表情况

（1）形成了课题阶段性研究报告、结题报告和工作报告。

（2）围绕课题研究，教师撰写的论文获市级以上奖项的情况，以2005年为例。

2005年围绕课题研究部分教师论文获奖

序号	时 间	教师	获 奖 内 容	获奖等级
1	2005年1月	牟××	教师科研能力培养"三力模式"研究与实践	市级一等奖
2	2005年3月	杨××	《新课程改革下的教师》	市级一等奖
3	2005年3月	牟××	《教师科研能力培养"三力"模式研究与实践阶段报告》	市级一等奖
4	2005年4月	王××	开展研究性学习促进基础教育新师资教育科研素质发展研究报告	省级二等奖
5	2005年4月	牟××	开展研究性学习促进基础教育新师资教育科研素质发展研究报告	省级二等奖
6	2005年5月	牟××	《利用研究性学习促进基础教育新师资教育科研素质发展研究阶段性研究报告》	国家三等奖
7	2005年5月	喻××	《在探索实验中培养学生创新能力》	省级三等奖

（3）围绕课题研究，教师发表的部分论文。

教师围绕课题研究发表的部分论文

序 号	作 者	刊 物 名 称	作 品 名 称	刊 号
1	喻××	《中华现代教育文丛》（2003 年）	浅谈"探索实验教学法"在学生创新能力发展上的功能	ISBN7-5047-2059-3
2	年××	《中国教学纵横杂志》（2003 年第 20 期）	新师资教育科研素质培养	ISSN1683-514X
3	年××	《当代幼教》（2002 年第 4 期）	教师教育科研能力培养"三力"模式研究	渝内字 01-267 号
4	年××	《××师范大学学报》（自然科学版）（2001 年增刊）	在基础教育师资培养中开设研究性学习课程的探索	ISSN1001-8395 CN51-1295/N
5	唐××	《中华教育论坛》（2004 年第 5 期）	师生互动教学相长	ISSN1683-8750 CN 4335/55/03HK
6	秦××	《中华教育论坛》（2004 年第 4 期）	关于探究性实验教学法与学生实践创新能力的培养	ISSN1683-8750 CN 4335/55/03HK
7	全××	《××师范大学学报（社会科学版）》（2005 年增刊）	浅议学前教育师资培养如何应对课改的挑战	ISSN1000-5315 CN 51-1063/C
8	年××	《学前教育科研方法》	《学前教育科研方法》第九章	ISBN7-978-309-05369-2

（4）在研究过程中学生部分获奖 136 项（略）

以上报告如有不妥之处，敬请各位专家提出宝贵意见。

【案例分析】

　　在本案例中主要报告了课题的沿革、研究力量的安排、课题组所做的主要研究工作，包括围绕课题研究学习的文献资料、围绕课题研究的经验总结和研讨情况、围绕课题研究的经验总结材料、论文撰写与发表情况等。需要注意的是工作报告主要报告课题研究的开展情况，反映课题研究的真实性，它与研究报告有很大区别。

三、效果自查报告

　　效果自查报告是学校科研机构或课题组为准备结题评审而自行组织的一种检测活动，它是课题组对照研究目标进行查漏补缺的方式之一，同时也可以使课题组知己知彼，更加深入地了解自己的研究状况和研究成果，树立自信心。

四、效果检测报告（本报告由检测单位负责填写）

【典型案例】

××省教育厅普教科研资助金项目

××省教育厅普教科研资助金项目

检 测 报 告 表

成果（或课题）名称　　基础教育新师资教育科研能力培养研究

承　担　单　位　　　　××省××幼儿师范学校

检　测　单　位　　　　××省教育科学研究所

　　　　　　　　　　　××市教育科学研究所

　　　　　　　　　　　××县教研室

检测完成日期　　2007 年 12 月 11 日

××省教育科学研究所

<table>
<tr><td rowspan="2">课题情况</td><td>课题负责人</td><td>王××</td><td>课题来源</td><td colspan="2">省教育厅普教科研资助金项目</td></tr>
<tr><td>批准立项时间</td><td>2002 年 9 月</td><td>批准立项文号</td><td colspan="2"></td></tr>
<tr><td rowspan="4">向检测组提供的材料</td><td>研究方案、计划、报告、总结、会议记录、表格等的说明</td><td colspan="4">课题研究方案、阶段计划与总结、研讨记录、培训教师资料、教师经验总结、学生研究性学习及模拟课题研究成果、毕业论文、学生社团活动记录、教育科研校本教材等研究资料100 余卷(册)。</td></tr>
<tr><td>重要会议、研讨会、培训、考察学习、专家咨询等情况的说明</td><td colspan="4">2003 年 1 月 18 日召开了课题开题会。
2006 年 1 月 16 日邀请内江师院张××教授作"教育科研问题的思考"专题讲座。
2003 年 7 月参加在南京召开的全国综合实践活动培训会。
2004 年 11 月参加在华东师范大学举办的全国综合实践活动师资培训会。</td></tr>
<tr><td>著述(著作、文章)</td><td colspan="4">形成了校本教材《教育科研立项课题的研究策略与案例》;
形成了《学生研究性学习与教育科研成果集》一册收集论文 52 篇、《学生毕业论文集》一册收集论文 80 篇;
形成了《教师论文集》一册收集论文 44 篇。</td></tr>
<tr><td>其他资料(音像、实物、作品)</td><td colspan="4">形成了研究活动录像光碟 3 碟、录像带 2 盘、汇报光碟 1 碟;学生研究活动照片若干。</td></tr>
<tr><td rowspan="11">检测情况说明</td><td>检测目的</td><td colspan="4">核实研究过程的真实性;
核实研究产生的实践效果;
为课题鉴定提供依据。</td></tr>
<tr><td>检测人员组成</td><td colspan="4">艾×× 内江市教育科学研究所 中学高级教师
赵×× 内江市教育科学研究所 中学高级教师
周×× 隆昌县教研室 中学高级教师</td></tr>
<tr><td>检测时间</td><td colspan="4">二○○七年十二月十一日</td></tr>
<tr><td>检测对象
(学校、班级、学生、教师、家长)</td><td colspan="4">××幼儿师范 2003 级小教大专学生 184 名。
××幼儿师范部分教师。</td></tr>
<tr><td colspan="5" align="center">检 测 的 方 式 及 方 法</td></tr>
<tr><td>查阅资料</td><td colspan="4">检测组查阅了课题研究的各种原始资料。</td></tr>
<tr><td>现场检测</td><td colspan="4"></td></tr>
<tr><td>听 课</td><td colspan="4">检测组听了课题主要研究教师上的教育科学方法课"研究方案的撰写"一节;学生模拟教育科研活动一堂。</td></tr>
<tr><td>座 谈 会</td><td colspan="4">检测组与参研教师进行了座谈。</td></tr>
<tr><td>其 他</td><td colspan="4"></td></tr>
</table>

研 究 过 程 真 实 性

1. 研究历时主要阶段划分:

课题于 2001 年 4 月开始实施,至 2007 年 7 月完成研究任务,前后历时 6 年。

(1) 前期研究(2001 年 4 月开始)

(2) 搜集资料、选题、撰写研究方案、立项阶段(2001 年 9 月—2002 年 9 月)

(3) 研究实施阶段(2002 年 9 月—2006 年 9 月)

(4) 结题评审阶段(2006 年 9 月—2007 年 7 月)

2. 研究活动的开展情况（主要教改措施的投放范围）

研究对象为隆昌幼师五年制专科层次小学教育、学前教育专业2000级学生248名；2001级学生233名；2002级学生281名；2003级学生184名。

3. 研究资料积累情况

课题研究形成了研究方案、阶段总结、研讨记录；教师教育科研培训资料、教师学习记录、教师培训反思、教师课题研究资料、教师研究论文；学生研究性学习、模拟教育科研、毕业论文等研究成果；学生社团活动记录等；学生就业单位反馈信息等文字资料100余卷（册），影像资料6碟（盘），学生研究活动照片若干。

课题研究所产生的教育效果

1. 理论成果（认识）及技术成果概况

（一）形成了教育科研方法校本教材《教育科研立项课题的研究策略与案例》。

校本教材与统编教材《小学教育科研方法基础》配合使用，解决了学生反映统编教材理论性太强，学完之后还是不知道怎样进行教育科研的问题。

（二）形成了关于基础教育新师资教育科研能力培养的"三级培养"模式。

从三年级开设研究性学习，初步接触科研，破除研究的神秘性，激发研究的兴趣，这是学生教育科研能力形成的基础；四年级进行较为专业的教育科研理论学习和模拟教育科研，进行教育科研的操作和实践，这是学生教育科研能力形成的关键；五年级撰写毕业论文，促进学生教育科研知识的运用和能力的进一步提高。

（三）学生自发成立了"新师资成长研究学会"和"教育研究学会"、"人文科学部"三个研究社团。

学生参加社团的共1000余人（次），广泛开展研究性学习与教育科研，研究学生在成长过程中的各种问题，增强合作与交流，进一步推进学生教育科研素质的发展。

2. 主要效果（学生、教师、学校、社会等）

从课题组提供的资料及核查看：

（一）学生教育科研能力普遍增强

1. 学生教育科研理论知识增加

在课题研究之前，学生对教育科研接触比较少，更没有系统地学习过教育科研理论知识，因此学生对教育科研理论知识知之甚少。

通过学习，2000级实验班学生248人《教育科研方法基础》的毕业考试成绩平均分为86.8分；2001级实验班学生232人《教育科研方法基础》的毕业考试成绩平均分为83.45分。由此可见，通过课题研究，学生的教育科研理论知识有较大的增长。

2. 学生初步具备教育科研基本能力

① 学生参与模拟教育科研活动表现突出

2001级学生共完成模拟立项科研课题41项，其中优秀2项，占4.9%；良好13项，占31.70%；合格25项，占60.96%；差1项，占2.44%。

2002级学生共完成模拟立项科研课题35项，其中优秀7项，占20%；良好26项，占74.29%；合格2项，占5.71%。

2003级学生共完成模拟立项科研课题138项，其中优秀19项，占13.04%；良好102项，占73.91%；合格13项，占9.42%。

② 学生参与研究实践活动效果显著

在整个研究过程中，学生搜集教育案例3 636篇；写出见习、实习体会1 444篇；调查报告990篇；小论文1 212篇；研究性学习论文343篇；撰写出毕业论文481篇；汇编了《学生研究性学习与教育科研成果集》；2000级五年大专班写出毕业论文250篇，汇编《首届五年制大专班毕业论文选集》。

课题组举行三届学生研究成果评奖，共评出了一等奖14篇，二等奖30篇，三等奖27篇。

③ 学生普遍能够按照教育科研的规范要求参与研究实践

课题组于2004年9月对三年级的2001级五年大专班229名学生的教育科研能力进行了问卷调查，具体结果如下表：

项 目		等 级							
		优		良		中		差	
		人数	％	人数	％	人数	％	人数	％
教育科研能力	选题能力(227人)	16	7.05	94	41.41	96	42.29	21	9.25
	制定研究方案的能力(220人)	8	3.64	44	20	101	45.91	67	30.45
	实施研究方案能力(227人)	11	4.85	58	25.55	89	39.20	69	30.40
	整理分析资料能力(227人)	5	2.2	60	26.43	79	34.80	83	36.56
	撰写研究成果的能力(229人)	5	2.18	38	16.59	103	44.97	83	36.24

2005年5月,课题组利用同一量表对同一年级五年制大专班168名学生的教育科研素质进行了问卷调查,具体结果如下表:

项 目		等 级							
		优		良		中		差	
		人数	％	人数	％	人数	％	人数	％
教育科研能力	选题能力	28	16.67	80	47.62	51	30.36	9	5.36
	制定研究方案的能力	22	13.10	85	50.60	48	28.57	13	7.74
	实施操作能力	27	16.07	84	50.00	49	29.17	8	4.76
	整理分析资料能力	29	17.26	72	42.86	57	33.93	10	5.95
	撰写研究成果的能力	27	16.07	61	36.31	66	39.29	14	8.33

2004年对2001级227名学生,2005年对同一年级的168名学生的教育科研修养和教育科研专门知识进行了问卷调查,结果如下:

项 目		前后测	优		良		中		差	
			人数	％	人数	％	人数	％	人数	％
教育科研修养	追求真理的精神	前	59	25.99	107	47.14	59	25.99	2	0.88
		后	97	57.74	62	36.90	6	3.57	3	1.79
	严谨治学的态度	前	32	14.10	112	49.34	72	31.72	11	4.85
		后	79	47.02	70	41.67	17	10.12	2	1.19
	集体协作的精神	前	67	29.52	130	57.27	27	11.89	3	1.32
		后	116	69.05	43	25.60	7	4.17	2	1.19
教育科研专门知识		前	1	0.44	21	9.25	85	37.44	120	52.86
		后	21	12.50	89	52.98	34	20.23	24	14.29

学生通过参加教育科研活动,体验教育科研的过程,认识教育科研的意义,初步明确了教育科研工作的目的;了解了教育科研的基本知识和相关原理,掌握了教育科研的一般方法、步骤和特点。从而对教育科研充满浓厚的兴趣,乐于参加科研活动,并对科研保持持久的动力,普遍能够按照教育科研的规范要求参与研究实践。

(二)教师指导学生进行教育科研的能力提高

1.教师研究意识和能力增强,积极投入研究

在本课题研究之前,2001年6月学校教科室对54位教师进行了教育科研的问卷调查,调查发现参加过省级立项科研课题的5人,占9.3％;参加过市级立项科研课题的8人,占14.8％;参加过县级立项科研课题的3人,占5.5％;没有参加过课题研究的38人,占70.4％,教育科研理论知识知之甚少。

截至2005年,全校参加校级立项以上课题研究的教师占80％以上。学校组织35岁以下的青年教师27名参加培训,88.9％的培训教师每次都参加了培训,59.3％的培训教师认为有很大收获,教育科研理论阶段性考试平均成绩81.1分,92.6％的培训教师都赞同本课题研究,96.3％的培训教师将所学到的教育科研理论运用到了课题研究之中,开始形成一个具有一定教育科研素质的研究型教师群体。通过对参加培训的27名35岁以下青年教师的问卷调查,运用教育科研理论的能力强的3人,占11.1％;中等的22人,占81.5％;弱的2人,占7.4％。在研究期间,教师参加各级新课程培训113人次,写出论文411篇。

课题研究以后,2005 年 1 月对学校 88 名教师进行了教育科研能力问卷调查,结果如下:

项目	具体内容	等级							
		优		良		中		差	
		人数	％	人数	％	人数	％	人数	％
教育科研能力	选题能力	9	10.23	51	57.95	19	21.59	7	7.95
	制定研究方案的能力	11	12.50	36	40.90	29	32.95	9	10.23
	实施操作能力	12	13.64	37	42.05	31	35.23	7	7.95
	整理分析能力(数据的统计与分析能力)	18	20.45	28	31.82	31	35.23	8	9.10
	撰写研究成果的能力	11	12.50	37	42.05	30	34.09	8	9.10
	结题评审能力	9	10.23	39	44.32	28	31.82	12	13.64
	成果推广运用能力	9	10.23	42	47.73	28	31.82	8	9.10

教师广泛参与教育科研,为承担对学生教育科研的指导奠定了良好的基础。

2. 教师指导能力提高

研究过程中,教师能够承担对学生教育科研进行指导的面增大,参与指导学生研究性学习、模拟课题研究、毕业论文撰写的教师共 51 人,占全校教师总数的 36.88％。

在对学生教育科研的指导中,教师能够根据学生在选题、研究方案制定、实施、成果总结等方面存在的问题进行针对性指导,帮助学生解决研究过程中遇到的问题,为学生研究任务的顺利完成及研究质量的提高创造了有利条件。

(三)产生了良好的社会影响

五年制大专班部分毕业学生的教育科研能力发展得到了用人单位的较好评价。省内外用人单位,如××市金苹果幼儿园、××巴南区森林典雅幼儿园、××市翠屏区思坡中心小学、××市第一幼儿园、××县普安幼儿园、××市宝安区黄田幼儿园、××市启蒙幼儿园、××市洋洋母婴用品有限公司等都反映该校毕业生具有较好的教育科研意识,有一定的科研能力,在教研活动中有独到的见解。

××幼师开展的新师资教育科研能力培养研究,对××县中小学、幼儿园产生了良好的影响。近三年以来,先后有 20 余所学校组织教师慕名到××幼儿师范学习、取经。

该校 2005 届 4 班学前教育大专班学生黄×等 5 人在××省××机械厂幼儿园实习期间,应用教育科研理论帮助幼儿园开展课题研究,得到幼儿园领导的高度评价。特别是 2006 届 3 班小学教育英语方向的杨×同学在研究过程中发起和成立了学校的教育科研学会,开展了一些普及性活动和研究活动,其个人研究成果获××省新课程改革成果二等奖。杨××毕业后参加全省的特岗教师考核,以××州第一名的成绩被录取,现在在甘洛县嗄儿中心学校工作。在工作中,他积极带头参与教育科研,选出《提高山区少数民族教学质量研究》科研课题,撰写出的研究方案得到县教育局领导的好评和高度重视,该课题研究得到实施。正因为如此,杨××被评为州教育科研骨干。2005 届 4 班学生学前教育专业黄×同学毕业后到××军区司令部幼儿园工作,该园园长反映该同学对教育现象和问题的研究能力比较强,特别是对研究问题的文字表述能力比较强,这使得她在有诸多大学前教育本科毕业生云集的幼儿园中脱颖而出,受到幼儿园领导的高度评价。

学生教育科研能力的提高以及所取得的成绩,在 2005 年××省教育厅对该校专科办学水平评估中得到了专家组的好评,为办学水平评估赢得了声誉。

3. 归因分析(成果及效果与研究活动的因果关系及达成度)

检 测 结 论

课题经过六年的研究,积累了丰富、翔实的研究资料,研究过程真实,取得的实践效果十分显著。

检测组长签字:

2007 年 12 月 11 日

【案例分析】

　　检测报告是由代表同级课题管理部门的检测组在评审的基础上完成的。主要内容有课题基本信息、向检测组提供的材料、检测情况说明、研究过程真实性、课题研究所产生的教育效果、归因分析和检测结论等部分。重点是课题研究所产生的教育效果,可从理论成果(认识)及技术成果概况和实践效果两方面来报告。检测报告反映出课题研究的真实性,课题研究的质量和水平,为参加各级教学成果奖提供依据。

【思考与练习】

1. 结题评审包括哪些方式?
2. 现场结题评审的一般过程是怎样的?

【实践活动】

　　学生以课题组为单位,撰写模拟立项科研课题工作报告。

参考文献

[1] 四川省教育厅普教科研资助金项目《基础教育新师资教育科研能力培养研究》检测报告表。

第九章

毕业论文的撰写

【理论导航】

一、毕业论文撰写的意义

学生毕业,教育科研素质发展怎样? 毕业论文的撰写是最好的检验方式。这不仅是教师的考核,也是学生的自测。因此,毕业论文被称为"最后一堂课"、"最后一个句号",学生不过这一关,总觉得没有大学生的"气质",整个学习生涯也不完美,留下一点残缺和遗憾。

美国教育着重从小培养学生的综合素质,这种教育的结果是小学生都会写论文,在大学里不要说写论文,就是搞发明,获得专利也很正常。中国教育缺的正是综合素质这一块。文科学生不会写作文,理科学生不会写家信,这些现象一点都不奇怪。正因为如此,毕业论文的考核才至关重要,取消论文无异削足适履。

随着学前教育改革的不断深入,幼儿园将朝着办出特色,强化科研的方向发展,教师将从繁重的升学压力中解放出来,可以投身于教育科研,学前教育科研将迎来一个崭新的春天。

通过对教育发展的前景透视,许多学校领导高瞻远瞩,对专科学生毕业论文工作高度重视。认为毕业论文的撰写是专科层次毕业生必须具备的能力之一,是学生研究能力和写作能力的大检阅,是学生今后从事教育科学研究的基础,也是提高学校教育教学质量和进一步提高大专班学生就业竞争力的一个新的生长点。为此,许多学校已经将毕业论文的撰写纳入专科层次学生毕业能力检测的项目之一,加强指导,严格要求,促进学生科研素质的发展,为基础教育输送更多优质的新师资。

二、毕业论文撰写的策略

毕业论文撰写的策略包括以下内容。

(1) 在毕业前,学生可根据教师提供的选题指南选择论文题目或自选题目。

（2）搜集相关资料,对题目进行可行性论证。

（3）上交开题报告(包括题目、论证、写作提纲、参考文献、完成时间等)。

（4）在指导教师的指导下按照规范的格式撰写论文,并反复修改。

从写作的角度看,一般性的毕业论文在撰写时要注意论点鲜明,论据充分,论证翔实,结论科学,语言简练流畅,概括性强,表意准确;从认知的角度看,在撰写时要注意发现问题,提出问题,分析问题,解决问题,得出结论,提出新问题等步骤。如果是实验研究报告则按实验研究报告的要求和格式撰写。

（5）必要时需进行答辩。

（6）坚决反对"学术腐败",严禁抄袭和弄虚作假。

学生在学习了教育科研方法,进行了研究性学习和模拟教育科研之后,已具备初步的教育科研能力,在此基础上撰写毕业论文能使自己学以致用,进而促进研究能力的提高。

三、毕业论文写作中的问题及对策

为了使学生更好地完成毕业论文写作,学校抽出专人,在毕业论文写作培训会上,对毕业论文的写作要求作了全面、细致的讲解,并对各专业(初等教育、学前教育)确定了一些参考题目,供学生选择,在整个写作过程中,学生始终是积极、热情、十分投入,在规定时间内,完成了写作任务。但是,由于学生在阅历、知识面、写作基础及个人素质等方面均存在不同程度的差异,因此,写作中出现了各种各样的问题。一旦发现问题,指导老师及时给予解决。具体说来,表现在以下几个方面。

1. 只是重复叙述原文的情节,自己未作分析评价

如曾××同学撰写的题目为《羊脂球中女主人公的形象变化》,这个题目本来是比较好写的,但这个学生从头到尾,洋洋洒洒写了三四千字,全是在重复羊脂球与村里人出逃以及如何对付德国军官的情景,根本就未具体分析、没有自己的观点、没有议论的成分,简直成了原文的缩写。这样的"论文"行吗? 针对这种情况,指导教师耐心地同曾××交流,从什么叫论文、论文写作的具体要求、基本格式谈起,然后谈到《羊脂球》这部小说写了什么,背景怎么样,有哪些故事情节,主人公羊脂球在这些情节中形象如何发生变化,如何从一个被众人瞧不起的妓女形象,变成爱国者的形象,其爱国主义情操从哪些方面体现等,然后指导她从哪些方面着手去写,对原文的分析、议论应该如何与原文故事情节穿插,有机组合成一篇文章。经过师生合作修改,这篇文章终于完成了,且一改原来的面貌,达到了毕业论文的要求。

2. 没有论点、论据或论点不鲜明、论据不充分

有的论文只是在写"我"做了什么、或怎样做的,而没有"为什么"要这样做,自己对自己"这样做"有什么看法,即只有过程,而无论点、论据。数学专业学生在这方面较为突出。如张×同学写的《关于小学生应用题教学中思维能力培养的思考》,只写了在教学中培养学生思维能力的几个应用题教学的实例,并没有从理论上加以阐述,指导教师看后认为,这几个实例很好,分别代表了几种思维方式,但文章必须从理论上加以补充完善,于是找来《心理学》教材及有关新课程标准的

资料,师生共同学习,对文章所举实例进行梳理,将这些实例归纳为"从集中思维到发散思维"、"从顺向思维到逆向思维"、"从形象思维到抽象思维"三个方面,实际形成了三个分论点,同时又从若干参考资料中找出一些理论依据,最后归纳总结出"在解应用题中培养小学生思维能力是一个长期的过程,需要教师本着'以人为本'的思想,长期不懈地挖掘课堂中的精神内涵",这实际就是论文的中心论点,这样,这篇文章就成了一篇有理有据,结构完整的好文章。

3. 内容杂乱,结构不清晰

议论文要求论点鲜明,论据充分的同时,还特别要求结构严谨、清晰、环环相扣,有的毕业论文却未做到这一点,往往是堆砌了一大堆材料,而且这些材料都是对的,但无法连接成一个有机的整体,不成其为一篇文章。每每遇上这种情况,指导教师均在细读文章的基础上,认真审视该文章是否有通过整理而成为一篇合格文章的可能,如有的话就指导学生对原文进行认真的梳理,通过调整、增删,将文章内容整理为几个有机联系的部分,然后再串连成文。如余×同学的论文标题为《探究唐诗繁荣发展的原因》,所分析的原因都是正确的,但内容杂乱,语无伦次,似一团乱麻,后经指导教师与作者共同修改、整理,并结合原来所学有关《文学概论》中谈到的文学与社会、政治、经济以及作者客观方面的关系。将其分为四个方面的原因,① 受当时政治、经济的制约;② 作家的思想生活经历是唐诗繁荣发展的主观因素;③ 文学本身的发展和繁荣、继承;④ 统治者提供了开放的文化环境,促进了唐诗的发展。通过努力后,一篇内容丰富具体、文理通畅、结构严谨、理论联系实际的论文呈现在眼前,学生也获得了极大的成就感。

4. 文题不相符合

有的论文标题是"这样",但顺着文章看下去却不是"这样",而成了"那样",这就是所谓的文不对题。这反映出学生的概括能力太差,面对这种情况,指导教师要采取以下处理办法:

(1)如果文题不相符,且文章内容混乱不便修改,就要求学生按原题重写;

(2)如果文章写得较好,但与题目不相吻合,就要求学生修改题目,使文题相符;

(3)如果题目选得不理想,内容又糟糕,就干脆推倒重来,另外选题,重新撰写。

例如黄××同学撰写的《用音乐"激活"幼儿英语课堂教学》,原题为《在英语课堂上上音乐课》。原题究竟是什么意思?究竟是英语课,还是音乐课?细读此文后,指导老师才明白作者的意图。于是,指导老师建议黄同学,在内容不作大的改动的情况下,将题目改为《用音乐"激活"幼儿英语课堂教学》,这样,文题吻合,一目了然,文章质量比较高。

5. 抄袭现象时有发生

学生在写论文时应参考他人的文章,可以引用其中某些观点、内容,这是合理合法的,但不能大量甚至整篇照抄。在写作过程中,大部分学生能照此要求完成自己的论文,但有少部分学生,一是自己写作水平不佳,二是嫌太麻烦,因而抄袭的成分较多。另外,现在抄袭也很方便,杂志、书籍、网上等各类文章比比皆是。遇到此类情况,指导教师均能很快察觉,这是因为:第一,指导教师基本上是任课教师,对学生的写作水平都了如指掌,完全能根据文章的内容、结构、遣词造句等情况判断出是否是学生自己写的;二是指导教师阅历都较丰富,有些被抄袭的文章自己读过,印象极深。对抄袭现象,指导教师首先应对学生进行严肃的批评,指出这种做法是错误的。如果学生不承认,老师还要将原文找来与其对照,这样,学生不得不认识自己的错误。然后,指导教师要耐心地与学生一起研究修改方案,要么另起炉灶,要么进行删改,尽量补充自己的内容。如杨××同学在写《浅析李商隐的无题诗》时,指导教师一看就知道这不是学生自己写的,而是抄的,于是找来该生,首先批评,然后指点,并协助学生找来若干课本上的或其他书中李商隐的无题诗,进行研究、分类,根据其中这类诗的特点,然后指导其写出提纲,完成全文。最后,该论文终于摆脱了原来的窠臼而成为一篇学生自己写的合格的论文。

6. 论文中时有知识性错误出现

由于学生身心不完全成熟,阅历有限,有的基础较差等各种原因,因而在文中常常出现各种各样的知识性错误。例如,将中国各个历史朝代的人物和事件混淆,出现所谓"张飞杀岳飞,杀得满天飞"等现象;有的对"一战"和"二战"的交战双方分不清,"协约"和"同盟"是什么意思搞不清;有的对中国近代史和现代史上一些事件的认识似是而非;有的对语文、数学、英语、幼儿教育等各学科中涉及的概念、术语作出错误的理解和运用。至于错别字、词汇的错用、误用、句子不通顺等情况就更常见了。指导教师在修改学生论文时,凡遇到这类情况,不要一改了之,而要在订正之后,将这样改的理由一一告诉学生。有时指导教师当着学生的面改,在学生不理解的情况下,不要严厉指责,而要耐心解释,做到学生口服心服为止。这样做,不仅仅解决了这篇文章的问题,而且使学生通过写这篇文章,达到以后不再出现类似差错的效果。由于每篇文章要修改多次,而有些问题重复出现,或这次修改解决了,下一稿又出现另外的同类问题。指导教师对这些问题均要百改不烦、乐此不疲。

四、毕业论文示例

"术业有专攻",不同的专业,毕业论文选题不同,撰写的难易程度也有所差异。为了给同学们提供毕业论文撰写的感性经验,特选择两位同学的毕业论文。这两篇论文虽然不够成熟,还存在一些问题,但从形式和结构看均比较规范,可给同学们以启发。

【典型案例 1】

学生毕业论文

浅析李商隐无题诗的艺术特色和积极爱情观

杨××

(××幼儿师范学校小学教育大专 2005 届 1 班,××,××,642150)

摘要:李商隐的无题诗历来备受人们推崇,其诗也形成了一种朦胧多义,含蓄蕴藉的风格。无题诗也表现了李商隐积极的爱情观和对身世不幸遭遇的感叹。无题诗不论是内容还是意蕴,都是十分丰富的,艺术价值是不朽的。

关键词:浅析　李商隐　无题诗　艺术特色　爱情观

李商隐,字义山,号玉豁山,又号樊南行。三岁时,随父由获嘉至江浙度过童年时代。十岁,父亲卒于幕府。文宗大和三年,义山调令狐楚受赏识,令狐楚将他聘入幕府,楚子令狐陶又在开成二年帮他中进士。次年,义山入泾原节度使王茂元幕府任书记。茂元爱其才,将最小的女儿嫁给他,当时朋党斗争激烈,令狐父子为牛党要员,王茂元被视为亲近李党的武人。义山转投王茂元,被视为牛党的"背恩"行为,受人排挤。妻子王氏又中年去世。时世、家世、身世,从各方面促成了李商隐易于感伤的性格和心态。义山是一位追求美的诗人。他身处晚唐,国势颓废,文学上又有绮靡浮艳之诗风。盛唐时由李白和杜甫代表的浪漫主义和现实主义的高峰已不复存在,那种饱满健举,明朗与含蓄结合的诗风也不能再现。在这时,义山转为对朦胧世界的追求,对含蓄蕴藉的向往已独成风格。而代表这种风格的无题诗更表现得淋漓尽致。在义山的无题诗中,有爱情生活的不幸,有身世遭遇的坎坷,乃至对整个唐王朝命运的忧虑。诗人注重内心世界的开拓,强调主观意识,使无题诗增添了朦胧美,悲怆之美,生命之美。

一、无题诗的艺术特色

李商隐无题诗的艺术特色表现为以下方面。

(一)感伤情调,是李义山无题诗的情感主调

义山的无题诗多用来传达内心一种没有确定的目标,扑朔迷离的,令人牵肠挂肚的,扣人心弦的爱情生活的感受。李商隐十岁丧父,"四海无可归之地,九族无可倚之亲"(《祭蔡氏姊文》),一生又始终被牛、李党争所纠缠,受人排挤。他渴望爱情又得不到,欲进仕又不得志,空有一颗拯救唐王朝的济世之心而无计可施。中年丧妻后,义山一生屡屡因为爱情而痛苦。晚唐王朝又动荡不安,进仕之途坎坷艰难,种种生活遭遇,便养成了他忧郁感伤的性格。多愁善感的他只能把这种郁闷、感伤抒写在诗中。在许多首无题诗中,诗人形成了情感的统一、孤独、飘零、惘然、无奈、零落的伤感。不管无题诗原是要表达诗人怎样的一种感情,都显得伤感至极,下面的无题诗表现得尤为突出。

无　　题

飒飒东风细雨来,芙蓉塘外有轻雷。

金蟾啮锁烧香入,玉虎牵丝汲井回。

贾氏窥帘韩掾少,宓妃留枕魏王才。

春心莫共花争发,一寸相思一寸灰。

这是一首写深锁春闺的女子追求爱情生活而失望的痛苦。首联描绘环境气氛,"芙蓉"(荷花)本是美好的事物,而偏偏却有"细雨"、"轻雷"。这是对爱情将受到雷雨摧残的暗示,奠定了伤感的基调。颔联虽有晦涩之意,却寓意深婉。金蟾虽然啮锁,但烧香仍可入,虽玉虎牵丝,但毕竟可汲水。这就更衬托了自己没有机会与恋人相会的痛苦。而在这一联中,上句的"香"和下句的"丝"合起来为"香丝",与"相思"谐音。义山高超的写作技巧,将这种女子内心的相思之苦尽显无疑。颈联选用了两个典故。"贾氏帘韩掾少"是讲韩寿是一个美男子,贾充用为僚属。贾充之女在帘内偷看韩寿,便爱上了他,于是便与他私通。后来此事被贾充发觉,贾充便把女儿嫁给韩寿。"宓妃留枕魏王才"是说魏东阿王曹植曾求娶甄氏为妃,曹操却将她许给曹丕,后甄氏被谗害致死,曹丕将她的遗物玉带金缕枕送给曹植。曹植归国经洛水时,梦见甄后对他说:"我本托心君王,其心不遂,此枕今与君王。"这两个典故都与当时的礼教相冲突。但义山在诗中充分肯定了女

子冲破封建的礼数制度追求爱情，无所顾忌和敢作敢为的性格。末联突然出现转折，使自己内心积郁已久的悲愤和苦痛像火山一样爆发了。"春心莫共花争发"，因为开花必会结果，而自己的"春心"却没有结果。"一寸相思一寸灰"，这一句不得不令人拍案叫绝，一唱三叹。望着一寸一寸燃烧的香，再一寸寸地化为灰烬，自己一寸寸的青春年华也随之而流逝，却又相思无果，这怎会不令人痛心呢？这联用对照的方式显示出美好事物被毁灭的悲剧，催人泪下，感人至深，并与首联基调相呼应，揭示全篇，使全诗形成了一种凄凉、伤感的情调。同样，《无题》(相见时难别亦难)，表现出的仍是这种情调。特别是领联"春蚕到死丝方尽，蜡炬成灰泪始干"。诗用"春蚕"、"蜡烛"两个意象来象征爱情的悲剧。"丝"与"思"谐音，表现出至死不休的相思，虽自己心灰泪干，但却相信爱情会到来。"云鬓改"，"蓬山之隔"都将悲伤之情展现得恰如其分。还有《无题》(凤尾香罗薄几重)也写深夜缝制罗帐的女主人公期待对方回来相见的急切心情。可"金烬暗"、"石榴红"仍不得相见，伤感之情油然而生。这种感伤的爱情诗还有很多，应该说无题诗都属于这个感情基调的。

(二) 深情绵邈、蕴藉含蓄是无题诗独特的艺术风格

义山是一个善于用情，而又善于传情的风流之士。他对爱情有特别的感受。在表达情感时，义山显得是极度深情、含蓄。他把自己的爱慕之情含蓄、曲折地通过种种意象表达出来。义山的无题诗艳而不靡，曲而不直。他更侧重于情感领域的表现，而不同于满足感官欲望为特征的庸俗情调；注重内心世界的开拓，而不是单纯的叙述和白描。无题诗中多写悲伤的，矢志不渝的爱情，但却写得含蓄、深情。这也和他的内向性格特征紧密联系。这就形成了义山的诗深情绵邈，蕴藉含蓄的风格。

无　　题

相见时难别亦难，东风无力百花残。

春蚕到死丝方尽，蜡炬成灰泪始干。

晓镜但愁云鬓改，夜吟应觉月光寒。

蓬山此去无多路，青鸟殷勤为探看。

这是一首表现得缠绵悱恻，深情绵邈却又含蓄蕴藉的爱情诗。它以女性的口吻抒写爱情心理，在悲伤、痛苦之中，富有灼热的渴望和坚忍的执著精神，感情境界深微绵邈。首联言相见难，别亦难，由于有了阻隔，与情人已难以相见，被迫分离使自己不堪忍受。两个"难"字，第一个指困难，第二个却指痛苦难堪。好一个"东风无力"，使人置身于愁情万种，似水流年的痛苦境界之中。领联把相见难、别亦难的感情表现得曲折入微。"春蚕"这一个满腹情丝的艺术形象直观地表现出眷恋之情如同春蚕吐丝般的缠绵不尽。春蚕到"死"方休，人的感情却至死不渝。这般痛苦和执意痴情，实乃九死未悔。下句用蜡烛比喻心情之痛苦，蜡烛在无声无息地受火煎而流泪。"灰"、"干"，比喻痛苦的煎熬使自己心灰泪尽，把这种痛苦已推到了极端，注定自己将终生为相思而累。义山巧妙的比喻、新奇的构思，曲折地反映出了相思之苦，渴求爱情的心态更显得深情缠绵。颈联晓妆对镜只为一见，可却又"云鬓改"。一个"改"字实乃千锤百炼而成，青春不再，年华似水。而在此良夜却又独自苦吟，月光之"寒"乃是心境之寒，从侧面反映出内心的痛苦，委婉地表明了爱情已是"百花残"、"月光寒"。尾联用传说中的"蓬山"和"青鸟"从反面落笔，实则蓬山此去实远甚矣！

此诗借用"春蚕"、"蜡炬"、"蓬山"、"青鸟"这些意象,十分委婉地抒发自己内心的痛苦,写得含蓄蕴藉,缠绵深情。细解此诗,便自有愁情万种;人生难解,爱亦难解,青春似水流,透露出浓浓的感伤,悲戚之意。再如《无题》(飒飒东风细雨来),颔联"金蟾啮锁烧香入,玉虎牵丝汲井回"。对方已经重门深锁,深井无波,可我的情思还要像香的烟从锁孔透进去,还用长绳在井里打水。对方已忘情,我却割舍不下。这还是通过两个比喻来传达自己的痴情之意。让人在细细体会下,才会发觉其丰富的情思是显得这么的含蓄蕴藉,且又深情痴意。

（三）朦胧多义是无题诗又一特色

义山的无题诗朦胧难解。他常借助典故或神话传说来营造虚无缥缈的意境,似有似无的情思。义山诗意象的选择很奇特,大多是非现实的,诸如玉烟、蓬山、青鸟、彩凤,灵犀等。义山把这一类的意象组合起来,使诗不受现实生活中的时空和逻辑限制,诗更显朦胧。在这朦胧的同时,诗又显得多义。义山无题诗中既有爱情之苦,又有仕途不畅之坎坷,还有对唐王朝的担忧,这些都不能严密地分开。同一首诗既有爱情之苦,又有对作者身世的感叹,很难确定地说是表达什么主要的情感,但可以肯定的是,义山写爱情的无题诗应占大多数,根本原因还是与义山的身世和内心世界有关。没落的家世,衰败的唐王朝,仕途上和情场上的失意,妻子不幸早逝,都成为义山的精神负担。他的种种郁闷和忧愁相互联系,相互渗透,使人难以分辨,再通过繁复的意象表现出来,更使人不能明其真正用意。总归起来,义山的无题诗表现以下几方面内容。

1. 写与妻子王氏和其他女子的恋情,以及对妻子的悼念。

无 题

昨夜星辰昨夜风,画楼西畔桂堂东。

身无彩凤双飞翼,心有灵犀一点通。

隔座送钩春暖酒,分曹射覆蜡灯红。

嗟余听鼓应官去,走马兰台类转蓬。

这首诗写诗人对一位女子的怀恋。首联诗人没具体叙写昨夜的情事,只是由对昨夜美景的追忆来烘托温馨的气氛。颔联由追忆至今。"身无彩凤双飞翼",爱情已被阻隔,但诗人没有沮丧,因为他深信对方和他"心有灵犀一点通",双方心灵是如此的契合,诗人的奇思妙想赋予双方心灵感应的奇特功能。这一个奇特而又贴切的比喻把双方不能相会的那种烦闷冲淡了,因为他们心灵相通。同时,不难看出,这苦闷中的欣喜显得何等珍贵。颈联隔座送钩,分曹射覆,灯红酒暖,觥筹交错,越阻隔就越想相见,倾注了诗人强烈的向往之情。尾联转为感叹爱情的阻隔和自己的遭遇。当然,这类写爱情的无题诗还有很多,如《无题》(相见)、《无题》(凤尾)等都是很具代表性的。

2. 表明身世没落,抒写不幸遭遇。

无 题

来是空言去绝踪,月斜楼上五更钟。

梦为远别啼难唤,书被催成墨未浓。

蜡照半笼金翡翠,麝熏微度绣芙蓉。

刘郎已恨蓬山远,更隔蓬山一万重。

这也是一首艳丽的爱情诗,写由别而思,由思而梦。全篇在写男主人公"梦为远别"醒后思念对方的心境。"来是空言",远别时重来的期约已沦为"绝踪"的万分失望。自己也和对方已有蓬山之隔,是无法逾越的。梦幻到这已经破灭,相会已无期,远别之痛和相思之苦实在令人心碎。可细细评味,不难发现:义山在爱情和事业上不都有这种"蓬山之隔"吗?此诗所表现的是交织着希望与失望的朦胧心境,并非单纯的爱情。《无题》(飒飒东风细雨来)"金蟾啮锁烧香入,玉虎牵丝汲井回",表达一种固结不解之情,是为了挽救唐王朝的没落。作者迫切地想进入朝廷,急切希望令狐绹的举荐,情辞越固结,忧国的心越深。《无题》(八岁偷照镜)则写自己虽八岁能画长眉,十六则已以古文著名,但在十九岁丧父后,家道却很困难。在父亲丧期满后,因急于奉养母亲,作者乃定居洛阳去找工作。"悬知犹未嫁",暗指仕途的坎坷、艰难。因此,不难看出,义山无题诗在这方面的用意。余恕诚《唐诗风貌》也说:"他的无题诗几乎篇篇都在抒写其不幸。"

二、积极的爱情观

从义山的无题诗中,我们还可以看到诗表现出来的积极的爱情观。义山对爱情是执著的,矢志不渝的。他所表现的是积极、进步的爱情观;是高尚、平等的爱情观。也许这也与他早年失恋,中年丧妻和情场的多次失意有关吧。

(一)对爱情矢志不渝,执著的追求

义山的爱情诗多写相思之苦和相会无期,带有悲剧色彩。但无望的爱情却更增加了主人公的决心,在失望中写希望,总会有一种感人的力量使人去追求爱情。在诗中人物对爱情的追求是执著的、至死不渝的。如《无题》(凤尾香罗薄几重)首联写女主人公深夜缝制罗帐。而"罗帐"在古代诗歌中常常用作男女相合的象征。此时女主人公正在期待着什么,不难理解。颔联是女主人公对往事的回忆,对颈联"断无消息"的最后一次相见的回忆,颈联写别后的孤寂和相思的痛苦。"金烬暗"状长夜独栖之寂寞,"石榴红"写春光流逝,看似漫不经心,却寓意丰富的情感。尾联又回到深情的期待中来。"斑骓"句暗用乐府《神弦歌·明下曲》,含有期待之意,"待好风"则希望能有一阵风,将自己吹到对方身边,表达女主人公爱得越深,却盼得越紧和一种执著而深厚的感情。《无题》(飒飒东风细雨来)颈联更能体现出这种至死不渝的精神。又如《无题》(相见时难别亦难)"春蚕到死丝方尽,蜡炬成灰泪始干",表现出春蚕吐丝的执著,至死方休。

(二)高尚、平等的爱情观

前已提到义山的无题诗绝不同于艳诗,他的诗写得深情绵邈而不庸俗低调。男女之间的热烈相爱或执著的相思,或是爱情破灭后的伤感,都表现出双方相互尊重和同情,对对方所处环境的谅解,这种高尚、平等的爱情观在当时是非常有进步意义的。

如《无题》(昨夜星辰昨夜风)写一对昨夜还亲密无间,而今却远隔两地的恋人的相互怀念。他没有埋怨对方此时已不在身边,而是在远隔中突出契合,以在寂寞、苦闷中寻找慰藉。义山的爱情诗总是刻骨铭心,荡气回肠。虽有很多诗中的爱情是无法得到或是无望的,但主人公却从来没有对自己心爱的人埋怨、不解。这都是因为义山把爱情看成是很高尚的、平等的美好事物。

(三)无题诗中表现出对女人的尊重

将义山的诗和齐、梁时的靡艳诗对比便不难发现:义山爱情诗中的女人不再是作为性爱赏玩的对象,而是爱情中十分重要的二分之一;无题诗不是写女子的娇美容态和艳丽放荡,而是注重从心理入手,开拓女子的内心世界,强调人的主观意识。而且义山的诗写得含蓄优美,深情绵邈。义山把女人放在一个被人尊重的地位是相当了不起的。

义山的无题诗之所以备受人们推崇,是因为它有丰富的意蕴,充实的内容,积极、进步的思想和真挚动人、感人肺腑的迷人的艺术魅力。诗人高超的写作技巧更是牵制人心的一大法宝。无题诗里刻骨铭心、牵肠挂肚的爱情更是感人至深。无题诗中有无寄托,历来是人们所争议的,我们当然可以把诗和他的人生遭遇联系起来,也可以将它看成是单纯的爱情诗,这并不贬低它的艺术价值。所谓"仁者见仁,智者见智",这就要看读者是怎样理解了。

总而言之,义山的无题诗写得深情绵邈,含蓄蕴藉,具有一种凄艳浑融、朦胧多义的风格,它艺术价值是永存的,诗人积极、进步的思想和高超的写作技巧是值得欣赏和学习的!

参考文献:

[1] 袁行霈:《中国文学史》(第二卷),高等教育出版社1999年版。

[2] 李商隐:《李商隐选集》,上海古籍出版社1986年版。

[3] 傅德岷:《唐诗宋词鉴赏辞典》,湖北辞书出版社2005年版。

【案例分析】

论文选题大胆,显示出作者敢于探索的勇气,因为李商隐的无题诗以难以理解著称,一千多年来聚讼不已。本论文论点鲜明、突出,论证结构完整,层次清晰,逻辑较为缜密,引例典型,论述较为透辟。

有两点可以进一步讨论:第一,论题过大,题目涉及两个不同层面的内容:艺术特色和爱情观,处理不好易导致主题不突出,或面面俱到,浅尝辄止;第二,李商隐的无题诗不能单纯理解为爱情诗,其内容具有复杂性,关键在于弄清楚无题诗言情之中是否另有寄托。托意空灵,兴寄深微,正是无题诗别具一格的风味所在。而本文对"兴寄"的分析、阐释着墨不多,如能分析得更加透彻,则论文质量会有更大的提高。

【典型案例2】

学生毕业论文

浅析幼儿园教师性别失衡的成因与对策

朱××

(××幼儿师范学校学前教育大专2005届4班,××,××,642150)

摘要:幼儿时期是心理、人格等发展的关键期,是孩子进行模仿学习的年龄阶段。相比其他学习阶段的老师,幼儿园的老师对孩子的影响更大、更深远。幼儿园时期的孩子常常会不自觉地模仿周围的成人,因此幼儿园中应该有适当比例的男女教师,而现实是幼儿园男女教师性别严重失衡,这一现象已引起教育界和社会的广泛关注。

关键词:浅析　幼儿园教师　性别结构

"性别"指雌雄两性的区别,通常指男女两性的区别。"结构"指各个组成部分的搭配和排列或建筑物上承担重力或外力的部分的构造。这里的"性别结构"指男女教师的搭配。

一、目前幼儿园的教育状况及教师的性别结构失衡造成的影响

目前幼儿园以女教师为主,极少幼儿园有男教师。在我国独生子女的家庭教育中,往往是母亲施加的影响要多一些。在幼儿园、中小学阶段,孩子又是在女教师占绝对多数的环境中度过,这对孩子性格、人格的形成,知识面的开拓都有不小的影响。久而久之,孩子们身上那种克服苦难的勇气、宽厚的性格和意志力等男性因素会很难找到,尤其是男孩子缺乏阳刚之气。

我国儿童学习主要以模仿为主,母亲、幼儿园女老师常成为他们的日常模仿对象,这对孩子尤其是男孩子的个性和品质培养都有一定的负面影响。幼儿园的孩子一般都比较调皮,而女教师相对比较柔弱、娇气,态度不够"硬",一些孩子就经常不服女教师的管教;而男教师则比较干脆爽直,他们带队听口令,没有一个孩子不听。尤其在上体育课的时候,女老师不太放得开,动作不够阳刚、不够标准,也不会随便在地上和孩子一起玩耍。女老师上体育课,孩子们可能无法彻底放松快乐。

女性在照顾孩子方面的确有得天独厚的优势。女教师感情细腻,对孩子的照顾能够细心周到,孩子在哭闹的时候,更需要扮演母亲角色的女教师的呵护。但女性过多地照顾孩子,过多地干预孩子成长所需的独立空间,其实不利于孩子成长。与之相反,男性拥有各种"优势",能够给孩子一个利于成长的环境,因此幼儿园里引进男教师是至关重要的。

二、男教师使幼儿园教育更加完善

要使幼儿园教育更加完善,要注意改善教师的性别结构。幼儿园需要男教师,男教师在幼儿园工作是必要的和重要的。

1. 幼儿园"男阿姨"备受青睐

如今,亦有少数男士冲破旧的观念的束缚,从事原属"女儿国"的行业,而这些男教师深受家长和孩子的欢迎。因为如今社会上独生子女越来越多,这些孩子身上的"娇娇"气本来就很重,再加上幼儿园里的老师都是女的,很容易使男孩子形成"女性化"性格,而一旦有男教师出现,那真是求之不得。女教师行列中添加一名男教师,那就像"万绿丛中一点红"一样,孩子们会对他特别有亲切感,有的孩子甚至连自己的心里话也向他倾诉,孩子们更愿意和他一起玩游戏,更喜欢听男教师讲故事。

2. 男教师对孩子的教育具有独特优势

面对幼儿园男教师少得可怜的现状,广州市部分幼儿园采取邀请男家长到幼儿园客串老师的做法,为幼儿园的孩子组织活动,渗透男性教育,受到了孩子们的欢迎。"爸爸老师"为幼儿园的小朋友带来了不同的活动内容,极大地开阔了幼儿的视野,激发了他们探索和学习的欲望。此外,这种教育对男孩子的个性培养能起极大的促进作用,而女孩子也会变得更加勇敢大方。

北京师范大学张澜认为,让男教师带体育、围棋、武术等,发挥他们在户外活动方面的优势,

能影响孩子的个性,丰富孩子的情感。男教师的主要优势体现在体育活动和游戏方面。在这些活动中,男教师常跟孩子们打成一片。例如,踢足球,男教师就乐于和孩子们在草地上滚来滚去,但女教师却不愿意这样,她们担心这样会脏了自己的衣服。

3. 男教师的独特风格、个性对幼儿教育起到积极作用

男性与女性在思维方式和兴趣爱好方面都有不少差别,这使他们的知识结构也有很大的不同。进入职业状态后,女教师可能更关注家庭,对时事和社会知识兴趣不大,这样孩子们会受影响,如视野不开阔、知识面不广等。男教师在影响孩子、培养他们的男子汉气概方面发挥着积极的作用。男性好动、"顽皮"、胆大、好奇心强,这有利于小孩子的个性发展。男教师带孩子有独特的方式,他们不会娇惯孩子,也不会主观宠爱、偏爱某些孩子,这种平等的态度有利于孩子良好个性的形成。现在的孩子被关注得太多,独立活动的空间失去得太多,这成了孩子成长的一个障碍。而男教师由于粗心大意,对纪律约束不严格,对孩子的小事故也不太注意,其实是对这一个障碍的打破。男教师与女教师相比,对孩子更宽容,这样能够给孩子创造一个宽松的成长环境,有利于培养儿童的独立性。

也有的家长认为男性照顾孩子不安全,比如对孩子的日常照顾(洗澡、换衣等),没有女教师方便,特别是女孩子的家长多存在这种顾虑。有一位女孩子的妈妈对笔者说:"除不方便以外,报纸上有关儿童侵犯的报道使我对男教师很难放心,虽然侵犯案毕竟只是少数,但做家长的还是认为安全第一重要,所以还是让女教师带着比较放心。"研究儿童认识与脑功能发展的沃建中教授认为,这样的担心和顾虑是多余的。他说:"毕竟儿童侵犯案只是特例,而且任何一个年龄段都有受伤害的可能,绝对安全的地方可能只存在于理想中,因噎废食是不可取的。"沃教授认为,幼儿园聘任男教师是一个重要的举措。他说,如果孩子在幼儿时期接触的都是女教师,那么他们就会有女性化的倾向,甚至独立能力差、意志薄弱、缺乏冒险精神。"防止孩子女性化倾向的办法就是增加幼儿园男教师的人数。"他说:"幼儿园时期的孩子常常会不自觉地模仿周围的成人,男教师坚强勇敢的行为会潜移默化地影响孩子,对儿童性格构成起到良好的影响作用。"

当然,男教师也有不足,粗心便是最主要的毛病:教学上粗心、不太注意维持课堂秩序,使得园方和家长担心教学质量;护理上粗心,使得家长以为对孩子关心照顾不够。但男教师对孩子的思维方式、性格塑造及处理问题的方式等的培养有很大的影响。男教师在某些方面的知识面会比女教师更开阔,尤其是教大班的老师,知识面开阔对孩子的启蒙教育很重要。男女教师各有所长,两种性别对孩子的影响会使孩子的性格、心理发展更加健全。

三、幼儿园需要男女教师,更要留住男教师

(一)幼儿园留不住男教师的成因分析

随着时代的发展,人们观念的变化,幼教行列中已出现为数不多的男教师。他们大多数立志将幼儿教育作为个人实现自我价值的奋斗目标,也不否认有的男教师把从事幼教工作作为一种时尚去追求。他们顶住了来自社会各个方面的压力,辛勤地为幼教事业默默地奉献着。然而,现实并不是我们想象的那么简单,由于种种原因,男教师的幼教生涯在较短的时间内就会出现转折,这不能不说是一种遗憾。据有关资料表明,日本幼儿园男性教师的比例约占7%,美国幼儿

园男教师的比例约占10%。而在中国代表幼教最高水平的北京地区,有男教师从事教育的公立幼儿园屈指可数,而且男教师流失严重,这是什么原因造成的呢?

幼儿园留不住男教师的原因有以下方面。

(1)目前幼儿教师待遇不高,工资与住房的现实状况使男教师在生活上特别是婚姻上常遇到问题。为了改善生存的基本条件,他们不得不放弃自己心爱的职业去谋求新的岗位。

(2)在人们传统的观念与认识中对男性担任幼儿园教师总是带有一定的偏见。人们常常认为幼教就是女性的职业,男教师不适合做幼儿教师,他们对儿童生活照顾会不方便,于是幼儿园男教师的工作"禁区"很多。对男教师的"另眼看待",以及社会对男教师的"特殊评价"会给他们造成不小的压力。"优秀的男人是不会干这一行的",这句话极大地伤害了男教师的自尊心,会使他们产生动摇。

(3)有些幼儿园的管理方式落后,幼儿园领导家长制的作风限制男教师个性及创造力的发挥,使他们工作感到压抑。

(4)男教师的工作环境被多数女性所包围,日久天长,女性的弱点会引起男教师的反感,"婆婆妈妈"的外部环境会使他们产生跳槽的想法。没有同性间的交往,时常使男教师感到孤独。他们的理想和抱负在平凡的日子渐渐淡化,最终使他们还是选择了改行。

(二)幼儿园留住男教师的对策

其实,幼儿园需要男教师的重要性已普遍被人们认识,男教师的"刚性"教育与女教师的"柔性"教育完美的结合,可以使儿童得到全方位的性别影响,有利于他们个性的健康发展。男性教师的"粗犷与豪放"会补充长期在女性关爱环境中成长的男孩子身上所具有的"阳刚之气",也会使女孩子从小懂得什么是真正的坚强。为此,我们不仅呼唤幼儿园需要男教师,更需要帮助他们解决相关的问题,为他们解除后顾之忧,使之能安心在幼教岗位上工作,不至于在幼儿园岗位上只是"昙花一现"。那么,幼儿园怎样才能留住男教师?

幼儿园留住男教师有以下对策。

1. 我们应以平等的态度对待幼儿园的男教师

作为职业的选择,男教师同样有权利选择幼教岗位,我们不应歧视他们的选择或抱有好奇的心理去看待他们。由于幼儿园男教师少,容易引起人们的关注,各种好奇与议论自然就多了一些,于是他们就显得极为特殊,在众目睽睽之下,他们难以保持良好的心态。为了维护他们的人格尊严,我们应以平等的态度对待他们,把好奇变为一种理解,把新鲜变为一种尊重,保证他们有一个比较宽松的工作环境与心理环境。

2. 切实改善与提高幼儿园教师的生活待遇,保证幼儿园教师的良好的社会地位与经济地位

"家有三斗粮,不当孩子王"的时代已经过去了,现代人们对教师的尊重是史无前例的。但是目前幼儿园教师的收入还不高,住房还有许多困难,这些问题不解决,将会影响男教师队伍的稳定,我们必须要考虑到教师的实际利益,切实改善他们的生活环境。同时,对幼儿园男教师的尊重必须是全社会的,因为幼儿教育是神圣的事业,必须要有男性教师的加入,才能实现理想的撰目标。

3. 给男教师发展的空间

由于性别的差异,男女教师的工作方式有比较大的区别,需要幼儿园管理者能够从实际出

发,评价教师工作要考虑性别的差异。例如:男教师对孩子的照顾不如女教师,但男教师对孩子比较放手,有利于培养儿童的独立性;男教师对孩子说话的口吻比较直爽,不如女教师温和,但男教师精练的语言又是儿童学习的榜样……我们不能用机械教条的标准去评价男教师的工作,更不能苛求男教师做违背他们性格或性别的事。要充分发挥男教师思维敏捷、动作灵活、富有创造性的特点,尊重他们"打破常规"的做法,同时也要避免他们工作中的粗心与大意。总之,为了孩子的利益,我们应该发挥不同性别教师的优势,给孩子们以良好而全面的影响。

男教师对幼儿园的好处有很多,要留住他们需要全社会的理解和支持,希望男教师不要成为幼教行业的"流星",要成为一棵参天大树永远扎根于幼儿教育这片沃土。相信未来的幼教事业是男教师无悔的选择。

总之,幼儿园教师的性别结构应以男女并重的方式建立,这样才会使幼儿园教育得到进一步的完善,促进幼儿的身心健康和谐发展。

【案例分析】

该论文选题为学前教育改革和发展的热点和难点问题。作者从幼儿园的教育状况及教师的性别结构失衡这一角度提出问题,再从男教师在幼儿园工作的必要性和重要性来加以论证,再提出解决这一问题的策略。该论文论点鲜明,论证有据,条理清楚。作者在文字上还要下一番工夫,使论文更加简练。

【实践活动】

学生撰写毕业论文。

图书在版编目(CIP)数据

学前教育科研方法与实务/王向东主编. —上海:复旦大学出版社,2013.10(2022.1 重印)
ISBN 978-7-309-10110-2

Ⅰ. 学… Ⅱ. 王… Ⅲ. 学前教育-教育研究-幼儿师范学校-教材 Ⅳ. G61

中国版本图书馆 CIP 数据核字(2013)第 233954 号

学前教育科研方法与实务
王向东 主编
责任编辑/张 炼

复旦大学出版社有限公司出版发行
上海市国权路 579 号 邮编:200433
网址:fupnet@ fudanpress.com http://www.fudanpress.com
门市零售:86-21-65102580 团体订购:86-21-65104505
出版部电话:86-21-65642845
常熟市华顺印刷有限公司

开本 890 × 1240 1/16 印张 7.5 字数 168 千
2022 年 1 月第 1 版第 4 次印刷

ISBN 978-7-309-10110-2/G · 1240
定价:30.00 元